KOMPLETNA KUCHNIA REGIONALNA ANGLII

100 sprawdzonych przepisów z bogatej literatury kulinarnej Anglii

Matylda Adamska

Prawa autorskie ©2024

Wszelkie prawa zastrzeżone

Żadna część tej książki nie może być wykorzystywana ani rozpowszechniana w jakiejkolwiek formie i w jakikolwiek sposób bez odpowiedniej pisemnej zgody wydawcy i właściciela praw autorskich, z wyjątkiem krótkich cytatów użytych w recenzji. Niniejsza książka nie powinna być traktowana jako substytut porady lekarskiej, prawnej lub innej porady zawodowej.

SPIS TREŚCI

SPIS TREŚCI **3**
WSTĘP **7**
ŚNIADANIE **8**

   1. Klasyczna muffinka z kiełbasą i jajkiem 9
   2. Angielska owsianka 11
   3. Pełne angielskie śniadanie 13
   4. Angielski omlet 15
   5. Angielskie placki ziemniaczane 17
   6. Naleśnik Wicklowa 19
   7. Tradycyjne angielskie śniadanie 21
   8. Angielskie bułeczki śniadaniowe 23
   9. Angielska kiełbasa śniadaniowa 25
   10. Angielskie pudełko ziemniaczane 27
   11. Angielskie jajka faszerowane 29
   12. Kanapki z sałatką jajeczną 31
   13. Szkockie jajka 33
   14. Wegetariańskie śniadanie angielskie 36
   15. Tost z wędzonym łososiem i awokado 38

PRZYSTAWKI I PRZEKĄSKI **40**

   16. Kaszanka 41
   17. Angielski dip serowy z pubu 43
   18. Angielskie muffinki kawowe 45
   19. Angielskie nachos z polewą Reubena 47
   20. Suwaki z peklowanej wołowiny Guinnessa 50
   21. Klopsiki Guinnessa w glazurze 53
   22. Angielskie paszteciki pubowe 55
   23. Roladki z kiełbasą angielską 58

SCONES I CHLEB **61**

   24. Pikantne bułeczki serowe 62
   25. Angielski chleb sodowy 64

26. Angielski chleb pszenny 66
27. Angielski lub Dublin Rozpieszczać 68
28. Angielski Chleb Z Kwaśną Śmietaną 70
29. Angielski chleb wiejski 72
30. Angielski chleb owsiany 74
31. Angielski chleb jogurtowy 77
32. Angielski pełnoziarnisty chleb sodowy 79
33. Angielski chleb piwny 81
34. Angielski chleb Barmbrack 83
35. Angielski piegowy chleb 85
36. Chleb Przyprawowy 87

DANIE GŁÓWNE 89

37. Mistrz Anglii 90
38. Colcannon Z Kapustą Lub Jarmużem 92
39. Kurczakiem I Porem 94
40. Orkisz I Pory 96
41. Dorsz Z Szafranem I Pomidorami 98
42. Gołąb I Stout 100
43. Gorący garnek z jagnięciną 102
44. Rosół z kurczaka z wieloma dobrymi rzeczami 104
45. Kapusta I Bekon 106
46. Pieczony Nadziewany Śledź 108
47. Duszony Seler 110
48. Łosoś w pięciu przyprawach z kiszoną kapustą 112
49. Gorące Małże Maślane 114
50. Angielskie Ziemniaki Cynamonowe 116
51. Angielska Polędwica Wieprzowa Z Cytryną I Ziołami 118
52. Angielska wieprzowina w stoucie z przyprawami 120
53. Pstrąg pieczony po angielsku 123

GULASY I ZUPY 125

54. Angielski gulasz jagnięcy 126
55. Pieczony pasternak po angielsku 128
56. Angielska zupa z owoców morza 130
57. Gulasz Z Kurczaka Z Kluskami 132
58. Zupa Krem Z Małży 135

59. Zupa ze świeżego groszku 137
60. Błyskawiczna angielska zupa-krem ziemniaczany 139
61. Zupa z rzepy i bekonu 141

DESER 143

62. Szewc ze Czarnego Lasu 144
63. Czipsy jabłkowe 146
64. Mieszany Szewc Jagodowy z Ciastkami Cukrowymi 148
65. Mini ciasto cytrynowe z polewą cytrynową 151
66. Herbatniki Rubinowo-Teatrowe 153
67. Kruche ciasteczka 156
68. Truskawkowy Eton Bałagan 158
69. Posset z marakui 160
70. Klasyczne ciasto Banoffee 162
71. Sernik Banoffee 164
72. Angielski żółty człowiek 166
73. Pudding Krówkowy z Orzechami Laskowymi i Kremem Frangelico 168
74. Pieczony rabarbar 170
75. Pudding z mchu karagenowego 172
76. Chleb z budyniem maślanym 174
77. Spalone Pomarańcze 176
78. Angielskie ciasto z kremem 178
79. Smalec z dorsza 180
80. Glazurowane angielskie ciasto herbaciane 182
81. Angielskie ciasto czekoladowe 185
82. Angielski tort kawowy 187
83. Angielski kremowy mrożony jogurt 189
84. Angielskie kremowe ciasto dyniowe 191

NAPOJE 193

85. Puchar Pimma 194
86. Fizz z kwiatem czarnego bzu 196
87. Gin z tonikiem z niespodzianką 198
88. Syrop z czarnej porzeczki 200
89. Earl Grey Martini 202
90. Angielska kawa 204
91. Imbir Campbella 206

92. Klasyczna angielska kawa 208
93. Poncz kawowo-jajeczny 210
94. Kawa Kahlua 212
95. Angielskie cappuccino Bailey's 214
96. Dobry stary angielski 216
97. Kawa z Bushmills 218
98. Czarna angielska kawa 220
99. Kawa z rumem 222
100. Strzelec do whisky 224

WNIOSEK 226

WSTĘP

Witamy w „Kompletna Kuchnia Regionalna Anglii", Twoim kulinarnym paszporcie umożliwiającym poznanie 100 sprawdzonych przepisów z bogatej kuchni angielskiej. Ta książka kucharska jest hołdem dla różnorodnych smaków, tradycyjnych potraw i dziedzictwa kulinarnego, które definiują regionalną kuchnię Anglii. Dołącz do nas w podróży, która wykracza poza kultową rybę z frytkami i zaprasza do delektowania się autentycznymi i ugruntowanymi tradycją przepisami, które od pokoleń zdobią angielskie stoły.

Wyobraź sobie kuchnię wypełnioną kuszącym aromatem pożywnych gulaszy, pachnących ciast i słodkich smakołyków inspirowanych różnymi regionami Anglii. „Kompletna kuchnia regionalna Anglii" to coś więcej niż tylko zbiór przepisów; to eksploracja lokalnych składników, tradycji kulinarnych i regionalnych specjałów, które sprawiają, że kuchnia angielska jest tak różnorodna i uwielbiana. Niezależnie od tego, czy masz korzenie w Anglii, czy po prostu cenisz smaki kuchni brytyjskiej, te przepisy zostały opracowane tak, aby zainspirować Cię do odtworzenia autentycznych smaków każdego regionu.

Od klasycznych kornwalijskich pasztetów po puddingi z Yorkshire – każdy przepis jest celebracją charakterystycznych smaków i technik kulinarnych, które charakteryzują regionalne potrawy Anglii. Niezależnie od tego, czy planujesz pocieszający posiłek na przytulny wieczór, czy też organizujesz ucztę inspirowaną kuchnią brytyjską, ta książka kucharska to Twoje źródło wiedzy, które pomoże Ci opanować sztukę angielskiej kuchni regionalnej.

Dołącz do nas podczas przemierzania różnorodnych krajobrazów Anglii, gdzie każde dzieło jest świadectwem wyjątkowych tradycji kulinarnych i sprawdzonych przepisów, które ukształtowały tożsamość gastronomiczną kraju. Załóż więc fartuch, skorzystaj z ciepła angielskiej gościnności i wyrusz w pyszną podróż po „Kompletnej kuchni regionalnej Anglii".

ŚNIADANIE

1. Klasyczna muffinka z kiełbasą i jajkiem

SKŁADNIKI:
- 2 angielskie babeczki, podzielone i opiekane
- 4 śniadaniowe kotlety wieprzowe z kiełbaskami
- 2 plasterki sera cheddar
- 2 jajka
- Masło, do gotowania
- Sól i pieprz do smaku

INSTRUKCJE:
a) Gotuj paszteciki z kiełbasą zgodnie z instrukcją na opakowaniu lub do całkowitego ugotowania.
b) Na patelni rozpuść masło na średnim ogniu.
c) Wbij jajka na patelnię i smaż do pożądanego stopnia wysmażenia. Doprawić solą i pieprzem.
d) Połóż pasztecik z kiełbasą na dolnej połowie każdej opiekanej angielskiej muffinki.
e) Na każdym kotleciku z kiełbasą połóż plasterek sera Cheddar.
f) Usmażone jajko połóż na wierzchu sera.
g) Połóż drugą połowę podpieczonej angielskiej muffinki na wierzchu, tworząc kanapkę.

2.Angielska owsianka

SKŁADNIKI:
- 4 szklanki wody
- 1 łyżeczka soli
- 1 szklanka płatków owsianych ciętych stalowo (angielski owies)
- 4 łyżeczki brązowego cukru

INSTRUKCJE:

a) W średnim rondlu ustawionym na średnim ogniu połącz wodę i sól. Doprowadzić do wrzenia. Stopniowo dodawaj płatki owsiane, ciągle mieszając.

b) Zmniejsz ogień do niskiego i gotuj na wolnym ogniu. Mieszaj często, aż woda zostanie wchłonięta, a płatki owsiane staną się kremowe, około 30 minut. Ugotowane płatki owsiane rozłóż do 4 misek. Każdą miskę płatków owsianych posyp 1 łyżeczką brązowego cukru.

c) Natychmiast podawaj

3.Pełne angielskie śniadanie

SKŁADNIKI:
- 2 plasterki boczku angielskiego
- 2 kiełbaski Lorne (kwadratowe).
- 2 duże jajka
- 1 plasterek kaszanki
- 1 plasterek białego budyniu
- 1 pomidor przekrojony na pół
- Pieczona fasola
- Tosty (opcjonalnie)

INSTRUKCJE:
a) Na patelni podsmaż boczek angielski aż będzie chrupiący.
b) Smażyć kiełbaski Lorne na tej samej patelni, aż zrumienią się z obu stron.
c) Na osobnej patelni usmaż kawałki kaszanki i budyniu białego, aż się rozgrzeją.
d) Grilluj lub smaż połówki pomidorów, aż lekko zmiękną.
e) Na trzeciej patelni usmaż jajka według własnych upodobań.
f) W rondlu podgrzej fasolkę po bretońsku.
g) Podawaj wszystkie składniki na talerzu i opcjonalnie podawaj z tostami.

4.Angielski omlet

SKŁADNIKI:
- 6 Małe jajka
- 1 dł. gotowane ziemniaki; tłuczony
- Wyciśnij sok z cytryny
- 1 łyżka posiekanego szczypiorku lub szalotki
- Sól i pieprz
- 1 łyżka masła

INSTRUKCJE:
a) Jajka rozbić, żółtka ubić: dodać do puree ziemniaczanego, dokładnie wymieszać, następnie dodać sok z cytryny, szczypiorek oraz sól i pieprz.
b) Rozpuść masło na patelni z omletem.
c) Białka ubić na sztywną pianę i wymieszać z masą ziemniaczaną.
d) Ugotuj mieszaninę na złoty kolor, a następnie wbiegnij pod brojler, aby ją dokończyć i nadmuchać.
e) Podawać na raz.

5. Angielskie Placki Ziemniaczane

SKŁADNIKI:
- 1 szklanka puree ziemniaczanego
- 2 szklanki mąki
- 1 łyżeczka soli
- 1 łyżka proszku do pieczenia
- 2 Ubite jajka
- 1 szklanka mleka
- 4 łyżki jasnego syropu kukurydzianego
- 1 łyżka gałki muszkatołowej

INSTRUKCJE:
a) Nie spodziewaj się, że będą przypominać amerykańskie naleśniki, ale mają doskonały smak.
b) Wymieszaj wszystkie składniki. Pokonaj dobrze. Pieczemy na natłuszczonej patelni z obu stron na rumiany kolor.

6.Naleśnik Wicklowa

SKŁADNIKI:
- 4 jajka
- 600 mililitrów mleka
- 4 uncje świeżej bułki tartej
- 1 łyżka posiekanej natki pietruszki
- 1 szczypta posiekanego tymianku
- 2 łyżki posiekanego szczypiorku lub szalotki
- 1x Sól i pieprz
- 2 łyżki masła

INSTRUKCJE:

a) Jajka lekko ubij, następnie dodaj mleko, bułkę tartą, zioła i przyprawy i dobrze wymieszaj.
b) Podgrzej 1 łyżkę masła na patelni, aż zacznie się pienić, następnie wlej mieszaninę i smaż na małym ogniu, aż będzie brązowe od spodu i po prostu ustawione na wierzchu.
c) Włóż pod grill, aby zakończyć.
d) Podawać pokrojone w ćwiartki, każdą porcję posmarować kawałkiem masła.

7. Tradycyjne angielskie śniadanie

SKŁADNIKI:
- 8 plasterków boczku angielskiego
- 4 angielskie kiełbaski
- 4 plasterki Kaszanka
- 4 plasterki budyniu białego
- 4 jajka
- 4 średnie pomidory; Połowę
- 4 napoje gazowane
- Sól i pieprz do smaku

INSTRUKCJE:
a) Na patelnię włóż kiełbaski i smaż ze wszystkich stron, aż się zarumienią. Smażymy pomidory z plasterkami budyniu w zalewie z boczku.
b) Podgrzej chleb sodowy w ociekaczu, aż się zarumieni. Ugotuj jajka według uznania i umieść wszystkie przygotowane potrawy na jednym talerzu, aby podawać je na ciepło.
c) Wszystkie mięsa mogą być pieczone, a nie smażone, ale stracisz aromat z odcieków z jajek i chleba sodowego.

8. Angielskie bułeczki śniadaniowe

SKŁADNIKI:
- 1 ½ szklanki mąki pełnoziarnistej
- ⅓ szklanki mąki pełnoziarnistej
- ¾ szklanki otrębów pszennych
- 1 łyżeczka proszku do pieczenia
- 2 łyżki margaryny sojowej
- 2 łyżki syropu kukurydzianego
- 1 szklanka mleka ziemniaczanego lub sojowego

INSTRUKCJE:
a) Wymieszaj suche składniki. Dodać margarynę i dobrze wymieszać. Dodać syrop i tyle mleka, aby powstało luźne ciasto.
b) Przełóż na posypaną mąką stolnicę i ugniataj, aż będzie gładkie.
c) Rozwałkować na kwadrat o grubości około ¾ cala.
d) Ciasto przekroić na pół, następnie na ćwiartki, a następnie na ósemki.
e) Piec na lekko posypanej mąką blasze w temperaturze 400 F przez około 20 minut. Studzimy na drucianej kratce. Podziel i podawaj z konfiturami z całych owoców.

9. Angielska kiełbasa śniadaniowa

SKŁADNIKI:
- 2 ½ szklanki świeżej bułki tartej z białego chleba
- ½ szklanki mleka
- 2 ½ funta chudej wieprzowiny
- 2 ½ funta boczku wieprzowego lub tłustego tyłka wieprzowego, schłodzonego
- 1 łyżka Plusa
- 2 łyżeczki soli
- 2 łyżeczki świeżo zmielonego pieprzu
- 2 łyżeczki tymianku
- 2 jajka
- 8 jardów przygotowanych osłonek, około 4 uncji

INSTRUKCJE:
a) W średniej misce namocz bułkę tartą w mleku. Mięso i tłuszcz zmiel razem, najpierw grubo, a potem drobno. Mięso włożyć do dużej miski.
b) Dodać sól, pieprz, tymianek, jajka i miękką bułkę tartą. Dobrze wymieszaj rękami, aż do całkowitego wymieszania. Pracując z około jedną czwartą nadzienia kiełbasianego na raz, luźno nadziewamy osłonki nadzieniem kiełbasianym. Ściśnij i skręć w 4-calowe ogniwa i pokrój, aby je oddzielić. Przechowywać w lodówce podczas nadziewania pozostałych kiełbasek.
c) GOTOWANIE: Nakłuj kiełbaski, aby skórka nie pękła, a na patelni umieść tyle kiełbasek, aby zmieściły się w jednej warstwie, bez stłoczenia. Zalać około pół litra wody, przykryć i dusić na małym ogniu przez 20 minut. Odlać płyn i smażyć bez przykrycia, obracając, aż kiełbaski równomiernie się zarumienią, około 10 minut. Odsączyć na ręcznikach papierowych i podawać gorące.

10. Angielskie pudełko ziemniaczane

SKŁADNIKI:
- 1/2 funta / około 3 szklanek ziemniaków, obranych, ugotowanych i wciąż gorących
- 1/2 łyżeczki soli
- 2 łyżki masła, roztopionego
- 1/2 szklanki mąki uniwersalnej

INSTRUKCJE:

a) Ważne jest, aby placki ziemniaczane przygotowywać, gdy ziemniaki są jeszcze gorące: dzięki temu uzyskany efekt będzie lekki i smaczny.

b) Ryż lub ziemniaki bardzo dobrze rozgnieć, aż nie będzie grudek.

c) W misce dobrze wymieszaj ziemniaki z solą; następnie dodać roztopione masło i ponownie dobrze wymieszać. Na koniec dodajemy mąkę, wyrabiamy taką ilość, aby powstało lekkie i elastyczne ciasto.

d) Wyłóż ciasto na lekko posypaną mąką powierzchnię i rozwałkuj na mniej więcej podłużny kształt o długości około 9 cali i szerokości czterech cali oraz grubości około 1/4 cala. Przytnij krawędzie, aż uzyskasz schludny prostokąt, a następnie odetnij ponownie, aby uzyskać cztery lub sześć trójkątów.

e) Rozgrzej suchą patelnię lub patelnię do średniej temperatury. Następnie upiecz trójkąty farl na złoty kolor z każdej strony. Zwykle zajmuje to około pięciu minut z każdej strony.

f) Gotowe placki ziemniaczane odłóż na talerz wyłożony ściereczką/ręcznikiem kuchennym i kontynuuj pieczenie, aż będą gotowe. Następnie obróć je ręcznikiem, aby je przykryć. Wydobywająca się z nich niewielka ilość pary pomoże zachować ich miękkość.

g) Następnie przygotuj angielskie śniadanie lub smaż Ulster, smaż farle na maśle lub oleju, którego używasz do reszty dania. Jeśli masz więcej angielskich placków ziemniaczanych, niż możesz zużyć, zamrożą się bardzo dobrze: po prostu włóż je najpierw do Tupperware lub podobnego plastikowego pojemnika.

11. Angielskie jajka faszerowane

SKŁADNIKI:
- 12 jajek na twardo
- 2 plastry peklowanej wołowiny, pokrojone w kostkę
- 1/2 szklanki kapusty, pokrojonej w kostkę
- 1/2 szklanki majonezu
- 2 łyżki musztardy Dijon
- Sól dla smaku
- Marchewki starte do dekoracji
- Natka pietruszki, posiekana do dekoracji

INSTRUKCJE:
a) Jajka ugotowane na twardo przekrój na pół. Wyjmij żółtka i włóż je do miski.
b) Podgrzewaj kapustę w kuchence mikrofalowej przez 30 sekund do minuty, aż zmięknie.
c) Do żółtek dodać majonez i musztardę Dijon i za pomocą blendera zanurzeniowego zmiksować żółtka ze składnikami na kremową masę.
d) Dodaj drobno posiekaną peklowaną wołowinę i kapustę, mieszając, do mieszanki żółtek, aż do całkowitego połączenia.
e) Sól dla smaku.
f) Wlej mieszaninę do połówek białek
g) Udekoruj marchewką i natką pietruszki.

12. Kanapki z sałatką jajeczną

SKŁADNIKI:
- 4 kromki chleba kanapkowego
- 2 uncje masła do smarowania chleba
- 2 jajka na twardo
- 1 pomidor rzymski lub 2 małe, drobne pomidorki
- 2 szalotki z zieloną cebulą w Irlandii
- 2 liście sałaty masłowej
- ⅛ szklanki majonezu
- ⅛ łyżeczki soli
- ⅛ łyżeczki pieprzu

INSTRUKCJE:
a) Zacznij od przygotowania nadzienia do tych kanapek. Pomidory przekrój na połówki, usuń nasiona i miąższ, wyrzuć. Zewnętrzny miąższ pomidora pokroić w kostkę o wielkości ½ cm.
b) Pokrój zieloną cebulę w bardzo cienkie plasterki.
c) Posiekaj liście sałaty i rozgnieć jajka na twardo.
d) Wymieszaj puree z jajka na twardo, pokrojone w kostkę pomidory, zieloną cebulę, sałatę i majonez.
e) Nadzienie dopraw solą i pieprzem do smaku.
f) Puree z jajek na twardo, zielona cebula, sałata, pomidor i majonez do nadzienia kanapkowego z sałatką jajeczną
g) Posmaruj masłem każdą parę kromek chleba po stykających się, pasujących bokach.
h) Podziel nadzienie na dwie części i rozłóż na wysmarowanej masłem stronie dwóch kromek chleba. Na każdą kanapkę połóż sparowaną kromkę chleba posmarowaną masłem.
i) Z każdej kanapki odetnij górną skórkę. Podzielić na cztery trójkąty, przecinając każdą kanapkę dwoma krzyżującymi się ukośnymi nacięciami.
j) Ułóż na talerzu kanapkowym i podawaj z gorącą herbatą i dodatkiem chipsów lub chipsów.

13. Szkockie jajka

SKŁADNIKI:
- 6 dużych jaj
- 1 funt (około 450 g) kiełbasy (wieprzowej lub mieszanki wieprzowej i wołowej)
- Sól i czarny pieprz do smaku
- 1 szklanka mąki uniwersalnej do panierowania
- 2 duże jajka, ubite (do panierowania)
- 1 szklanka bułki tartej
- Olej roślinny, do smażenia

INSTRUKCJE:
JAJKA NA TWARDO:
a) Jajka włóż do rondla i zalej wodą.
b) Doprowadzić wodę do wrzenia, następnie zmniejszyć ogień i gotować około 9-12 minut.
c) Po ugotowaniu ostudź jajka pod zimną bieżącą wodą i obierz je.

PRZYGOTOWAĆ MIESZANKĘ KIEŁBAS:
d) W misce dopraw mięso kiełbasy solą i czarnym pieprzem.
e) Mięso kiełbasiane podzielić na 6 równych części.

ZWIJ JAJKA:
f) Rozpłaszcz w dłoni porcję mięsa kiełbasianego.
g) Połóż obrane jajko na twardo na środku i uformuj kiełbasę wokół jajka, tak aby było całkowicie przykryte.
h) Każde jajko pokryte kiełbasą obtaczamy w mące, strzepując jej nadmiar.
i) Zanurzaj obsypane mąką jajko w ubitych jajkach, tak aby ciasto było równomiernie pokryte.
j) Obtocz jajko w bułce tartej, aż będzie całkowicie pokryte.

SMAŻ JAJKA SZKOCKIE:
k) Rozgrzej olej roślinny we frytkownicy lub dużej, głębokiej patelni do temperatury 350°F (180°C).
l) Ostrożnie włóż panierowane jajka do gorącego oleju i smaż na złoty kolor, od czasu do czasu obracając, aby równomiernie się usmażyły.
m) Wyjmij i połóż na ręcznikach papierowych, aby odsączyć z nadmiaru oleju.
n) Przed podaniem poczekaj, aż szkockie jajka lekko ostygną.
o) Przekrój je na pół, aby odsłonić pyszny środek kiełbasy i jajka.
p) Podawać z musztardą, ketchupem lub ulubionym sosem.

14. Wegetariańskie śniadanie angielskie

SKŁADNIKI:
- 4 jajka
- 1 szklanka pieczarek pokrojonych w plasterki
- 2 pomidory przekrojone na połówki
- 2 szklanki placków ziemniaczanych (kupnych lub domowych)
- 1 puszka fasolki po bretońsku
- Sól i pieprz do smaku
- Masło, do gotowania

INSTRUKCJE:
a) Podgrzej fasolkę po bretońsku w rondlu na średnim ogniu.
b) Na patelni podsmaż grzyby na maśle na złoty kolor.
c) Ugotuj placki ziemniaczane zgodnie z instrukcją na opakowaniu.
d) Na osobnej patelni podsmaż przekrojone na pół pomidory, aż lekko zmiękną.
e) Przygotuj jajka w preferowanym stylu (smażone, jajecznica lub gotowane).
f) Jajka doprawiamy solą i pieprzem.
g) Wszystkie ugotowane składniki ułożyć na talerzu.
h) Podawać z dodatkiem tostów lub grillowanego chleba.

15. Tost z wędzonym łososiem i awokado

SKŁADNIKI:
- 4 kromki chleba pełnoziarnistego
- 150 g wędzonego łososia
- 1 dojrzałe awokado, pokrojone w plasterki
- 4 jajka sadzone
- Świeży koperek, do dekoracji
- Kawałki cytryny do podania
- Sól i pieprz do smaku

INSTRUKCJE:
a) Opiecz kromki pełnoziarnistego chleba według własnych upodobań.
b) Na każdym toście połóż plasterki wędzonego łososia.
c) Na wierzchu połóż pokrojone awokado.
d) Jajka w koszulce ugotuj do pożądanego stopnia wysmażenia.
e) Na każdym toście połóż jajko w koszulce.
f) Doprawić solą i pieprzem.
g) Udekoruj świeżym koperkiem.
h) Podawać z cząstkami cytryny na boku, aby uzyskać cytrusowy akcent.

PRZYSTAWKI I PRZEKĄSKI

16. Kaszanka

SKŁADNIKI:
- 1 funt wątroby wieprzowej
- 1 ½ funta nietopionego smalcu, posiekanego
- 120 uncji płynu krwi świńskiej
- 2 funty bułki tartej
- 4 uncje płatków owsianych
- 1 Średnia cebula, posiekana
- 1 łyżeczka soli
- ½ łyżeczki ziela angielskiego
- 1 Osłonki wołowe

INSTRUKCJE:

a) Wątróbkę duszimy we wrzącej, osolonej wodzie do miękkości. Wyjmij wątrobę i zmiel. Zarezerwuj alkohol do gotowania. Wszystkie składniki wymieszaj w dużej misce. Dokładnie wymieszaj, aż się zmiesza. Napełnij osłonki mieszanką. Zawiąż w pętelki o długości jednej stopy. Paruj przez 4-5 godzin.

b) Pozostaw do ostygnięcia. W razie potrzeby pokroić w półcalowe plastry i smażyć na gorącym tłuszczu z obu stron, aż się zarumienią.

17. Angielski dip serowy z pubu

SKŁADNIKI:
- 14 uncji angielskiego cheddara
- 4 uncje sera śmietankowego
- 1/2 szklanki jasnego piwa w stylu angielskim (Harp Lager)
- 1 ząbek czosnku
- 1 1/2 łyżeczki mielonej musztardy
- 1 łyżeczka papryki

INSTRUKCJE:

a) Ser Cheddar pokroić na kawałki i włożyć do robota kuchennego. Pulsuj, aby połamać ser cheddar na małe kawałki.

b) Dodać serek śmietankowy, piwo, czosnek, mieloną musztardę i paprykę. Puree, aż będzie całkowicie gładkie. Zeskrob boki miski i w razie potrzeby ponownie zmiksuj. Podawać z chipsami pita, pieczywem, krakersami, warzywami lub plasterkami jabłka.

18.Angielskie muffinki kawowe

SKŁADNIKI:
- 2 szklanki mąki
- 1 łyżka proszku do pieczenia
- ½ łyżeczki soli
- ½ szklanki) cukru
- 1 jajko, ubite
- ⅓ szklanki roztopionego masła
- ½ szklanki gęstej śmietany, nieubitej
- ¼ szklanki angielskiej whisky
- ¼ szklanki likieru kawowego

INSTRUKCJE:
a) Rozgrzej piekarnik do 400 F.
b) Przesiej pierwsze 4 składniki razem.
c) Mieszaj pozostałe składniki, aż zwilżą.
d) Wypełnij wyłożone papierem foremki na muffiny i piecz około 20 minut.

19. Angielskie nachos z polewą Reubena

SKŁADNIKI:
SOS TYSIĄCA WYSP:
- 2 1/2 łyżki odtłuszczonego zwykłego jogurtu greckiego
- 1 1/2 łyżki ketchupu
- 2 łyżeczki słodkiego aromatu marynowanego
- 3/4 łyżeczki białego octu
- 1/4 łyżeczki ostrego sosu
- 1/8 łyżeczki czosnku w proszku
- 1/8 łyżeczki proszku cebulowego
- 1/8 łyżeczki soli koszernej

ZIEMNIAKI:
- 1 1/2 funta rdzawych ziemniaków, wyszorowanych
- 1 łyżka oliwy z oliwek z pierwszego tłoczenia
- 3/4 łyżeczki czosnku w proszku
- 3/4 łyżeczki proszku cebulowego
- 3/4 łyżeczki soli koszernej
- 1/8 łyżeczki czarnego pieprzu

Polewę Reubena:
- 3 uncje wyjątkowo chudej peklowanej wołowiny, posiekanej
- 1 szklanka startego sera szwajcarskiego o obniżonej zawartości tłuszczu
- 1/4 - 1/3 szklanki kiszonej kapusty, odsączonej
- drobno posiekana natka pietruszki (w razie potrzeby) do dekoracji

INSTRUKCJE:
a) Rozgrzej piekarnik do 475 stopni F.
b) W średniej misce połącz składniki sosu Jogurt grecki, ketchup, przyprawa, ocet, ostry sos, 1/8 łyżeczki czosnku w proszku, 1/8 łyżeczki cebuli w proszku i 1/8 łyżeczki soli koszernej. Przykryj i przechowuj w lodówce do momentu, aż będzie potrzebne (można przygotować do około dwóch dni wcześniej).
c) Ziemniaki pokroić równomiernie w plastry o grubości 1/8 cala. (Możesz do tego użyć mandoliny, jeśli chcesz, ale ja używam noża szefa kuchni. Tak czy inaczej, najważniejsze jest pocięcie ich bardzo równomiernie, aby równomiernie się upiekły.)

d) W dużej misce wymieszaj plastry ziemniaków z oliwą z oliwek, aż zostaną równomiernie pokryte. Posyp ziemniaki 3/4 łyżeczki czosnku w proszku, 3/4 łyżeczki cebuli w proszku, 3/4 łyżeczki soli koszernej i czarnego pieprzu. Wymieszaj ponownie, aby mieć pewność, że przyprawy są równomiernie rozłożone. Może się okazać, że najłatwiej będzie to zrobić rękami, a nie łyżką do mieszania.
e) Umieść plasterki ziemniaków na dwóch wyłożonych pergaminem blachach do pieczenia, rozkładając je i upewniając się, że nie stykają się ani nie zachodzą na siebie.
f) Piec plastry ziemniaków przez 12-14 minut. Dokładny czas pieczenia może się różnić, jeśli plastry ziemniaków nie są pokrojone na grubość 1/8 cala lub nie mają jednolitej grubości. Sprawdzaj je okresowo: chcesz, aby spód miał ciepły, zrumieniony i lekko prażony kolor twoich plasterków, ale nie chcesz, żeby się spaliły.
g) Ostrożnie przewróć wszystkie plastry na drugą stronę i kontynuuj pieczenie na drugiej stronie jeszcze przez około 5-8 minut, ponownie sprawdzając okresowo, czy są gotowe. Jeśli niektóre plasterki są cieńsze niż inne, mogą być gotowe wcześniej i warto je wyjąć na talerz, podczas gdy pozostałe plasterki będą się dalej piec.
h) Kiedy ziemniaki będą już upieczone, ułóż je w stos na środku blachy do pieczenia, układając je warstwami, tak jak to robisz z peklowaną wołowiną, serem i kapustą kiszoną. Włóż nachosy do piekarnika na kolejne 5 minut, aby nadzienie się rozgrzało, a ser się roztopił.
i) Jeśli chcesz, udekoruj nachos natką pietruszki i podawaj z dressingiem Tysiąca Wysp. (Możesz skropić wierzch dressingiem, podać obok lub jedno i drugie.)

20. Suwaki z peklowanej wołowiny Guinnessa

SKŁADNIKI:
- 4-funtowy mostek z peklowanej wołowiny z pakietem przypraw
- 1 szklanka mrożonej cebuli perłowej lub białej cebuli kotłowej (przyciętej i obranej)
- 4 ząbki czosnku
- Opcjonalnie: 1-2 liście laurowe
- 2 1/2 szklanki wody
- 11,2 uncji piwa z beczki Guinness (1 butelka)
- 12 bułek hawajskich
- 1 opakowanie mieszanki coleslaw
- 2–3 łyżki świeżego koperku, posiekanego
- Musztarda Dijon do smarowania według uznania
- Opcjonalnie: majonez do smarowania
- Małe koszerne pikle z koperkiem (w całości)

INSTRUKCJE:

a) Dodaj cebulę i czosnek do wewnętrznego stalowego garnka szybkowaru. Dodaj ruszt na górze. Do garnka wlej piwo Guinness i wodę. Umieść mostek z peklowanej wołowiny na metalowym ruszcie, grubą pokrywką w dół. Posyp przyprawami wierzch mięsa. W razie potrzeby dodaj 1-2 liście laurowe. Za pomocą szczypiec obróć wołowinę tak, aby tłusta czapka była skierowana do góry.

b) Ostrożnie otwórz pokrywę szybkowaru. Podnieś metalową tacę, na której znajduje się mięso. Przełóż peklowaną wołowinę na talerz. Usuń liście laurowe, cebulę i kawałki ciała. Odcedź płyn. Zarezerwuj jedną filiżankę na wypadek, gdyby była potrzebna do posypania mięsa, aby zapobiec jego wyschnięciu.

c) Wołowinę pokroić w cienkie plasterki wzdłuż włókien.

d) Roladki hawajskie przekrój poziomo na pół.

e) Na dolną połowę każdej bułki nałóż warstwę musztardy. Jeśli chcesz, posmaruj górną połowę bułki odrobiną majonezu.

f) Na spodzie bułki połóż 2-3 plasterki peklowanej wołowiny. Mięso posypać świeżo posiekanym koperkiem. Do każdego dodaj 1/4 szklanki sałatki coleslaw.

g) Na suwakach ułóż górne połówki bułek hawajskich.

h) Udekoruj każdy suwak wołowy marynatą z młodego koperku. Przebij kanapki imprezowe na środku drewnianymi wykałaczkami, aby wszystko trzymać razem.

21. Klopsiki Guinnessa w glazurze

SKŁADNIKI:
KLOPSY
- 1 funt mielonego indyka lub wołowiny
- 1 w. bułka tarta panko
- 1/4 w. Guinnessa
- 1/4 w. posiekana cebula
- 1 jajko, lekko ubite
- 1 łyżeczka. sól
- 1/8 łyżeczki pieprz

SOS GUINNESSA
- 2 butelki Guinnessa
- 1/2 w. Keczup
- 1/4 w. Miód
- 2 łyżki stołowe. melasa
- 2 łyżeczki musztarda Dijon
- 2 łyżeczki suszona mielona cebula
- 1 łyżeczka. czosnek w proszku
- 4 łyżeczki skrobia kukurydziana

INSTRUKCJE:

a) Na klopsiki: Połącz wszystkie składniki w średniej misce. Dobrze wymieszaj.

b) Uformuj kulki o średnicy 1 1/2 cala (użyłem małej miarki do ciastek) i umieść na obrzeżonej blasze do pieczenia wyłożonej folią aluminiową i spryskanej sprayem zapobiegającym przywieraniu.

c) Piec w temperaturze 350° przez 20-25 minut.

d) Na sos: Połącz wszystkie składniki z wyjątkiem skrobi kukurydzianej w średnim rondlu. Śmigać.

e) Doprowadzić do wrzenia, od czasu do czasu mieszając.

f) Zmniejszyć ogień do wrzenia i gotować 20 minut.

g) Wymieszaj skrobię kukurydzianą i kontynuuj gotowanie na wolnym ogniu przez 5 minut lub do momentu, aż zgęstnieje.

h) Dodaj klopsiki do sosu.

22. Angielskie paszteciki pubowe

SKŁADNIKI:
- 1 cebula
- 1/3 główki kapusty
- 4 małe marchewki
- 8 małych czerwonych ziemniaków
- 4 zielone cebule
- 1 por
- 4 łyżki masła
- 3 jajka
- 1 łyżka musztardy brązowej
- 1/2 łyżeczki tymianku
- 1/4 łyżeczki pieprzu
- 1/2 łyżeczki soli
- 1/4 łyżeczki mielonej musztardy
- 1 8-uncjowe opakowanie posiekanego sera mozzarella
- 4 uncje tartego parmezanu
- 5 schłodzonych ciasteczek
- Opcjonalnie 1 funt mielonej wołowiny

INSTRUKCJE:

a) Jeśli używasz mielonej wołowiny, zrumienij ją na dużej patelni, następnie odcedź, zdejmij z patelni i odłóż na bok. Cebulę, marchewkę i ziemniaki pokroić w kostkę. Pokrój kapustę na małe kawałki. Pokrój drobno pory i zieloną cebulę

b) Na dużej patelni na średnim ogniu rozgrzej 4 łyżki masła. Podsmaż cebulę, zieloną cebulę i por do miękkości – około 6 minut. Dodać kapustę, marchewkę i ziemniaki. Kontynuuj gotowanie na średnim ogniu przez kolejne 5 minut.

c) Zmniejsz ogień do niskiego; przykryć i gotować na parze przez 15 minut. Zdjąć z ognia. W międzyczasie wyjmij skórki z lodówki i rozgrzej piekarnik do 375 stopni.

d) W dużej misce wymieszaj 3 jajka, musztardę i przyprawy. Usuń 1 łyżkę mieszanki jajecznej i wymieszaj z 1 łyżką wody; odłożyć na bok. Do masy jajecznej dodaj warzywa, wołowinę i ser i dobrze wymieszaj.

e) Rozwałkuj ciasto i pokrój na ćwiartki za pomocą noża do pizzy.

f) Aby zrobić paszteciki, połóż jeden kawałek ciasta na blaszce wyłożonej papierem pergaminowym. Umieść łyżkę mieszanki warzywnej na środku klina, a następnie przykryj drugim klinem.

g) Brzegi dociśnij widelcem, aby je uszczelnić, a następnie posmaruj mieszanką jajka i wody. Piec przez około 20 minut lub do momentu, aż skórka będzie złotobrązowa.

23. Roladki z kiełbasą angielską

SKŁADNIKI:
- 3 arkusze ciasta francuskiego
- 1 jajko roztrzepane do posmarowania ciasta
- Nadzienie mięsne do kiełbasy
- 1 funt mielonej wieprzowiny
- 1 łyżeczka suszonego tymianku
- ½ łyżeczki suszonego majeranku
- ½ łyżeczki suszonej bazylii
- ½ łyżeczki suszonych liści rozmarynu
- 1 łyżeczka suszonej pietruszki
- ½ łyżeczki suszonej szałwii
- ⅛ łyżeczki soli
- ⅛ łyżeczki czarnego pieprzu
- 1 szklanka bułki tartej
- 1 ząbek czosnku posiekany
- 1 ubite jajko
- Opcjonalnie ¼ łyżeczki suszonego kopru włoskiego

INSTRUKCJE:

a) Przyprawy, sól i pieprz zmiel w młynku do kawy.
b) Do bułki tartej w dużej misce dodać zmielone przyprawy i przeciśnięty przez praskę czosnek, wymieszać.
c) Do przyprawionej bułki tartej dodać mieloną wieprzowinę i wymieszać palcami. Dodać połowę ubitego jajka i dokładnie wymieszać, aż masa mięsna zacznie się sklejać. Odrzuć nadmiar jajka.
d) Za pomocą rąk zwiń kiełbasę, tworząc 4 cylindryczne kształty o grubości około ¾ cala i długości 10 cali. Odłóż mięso na bok.
e) Rozgrzej piekarnik do 400 stopni F. Wyłóż dużą blachę do pieczenia papierem pergaminowym.
f) Otwórz rozmrożony arkusz ciasta francuskiego na posypanej mąką powierzchni. Pokrój na 3 paski o szerokości około 3 cali i długości 10 cali.
g) Połóż 3-calowy kawałek wcześniej uformowanego mięsa kiełbasianego na cieście blisko krawędzi. Rozwałkuj ciasto wokół mięsa tak, aby zachodziło na siebie na głębokość jednego cala.
h) Odetnij wałek ciasta, a następnie zwiń go z powrotem, aby posmarować dolną warstwę rozmąconym jajkiem. Zwiń ponownie i zamknij dolny szew.
i) Za pomocą ostrego noża wytnij dwa ukośne nacięcia o średnicy ½ cala w górnej powierzchni bułki. Powtórz tę procedurę, aby uformować 18 bułek kiełbasianych.
j) Przygotowane bułeczki z kiełbasą układaj na blasze do pieczenia w rzędach w odstępach co centymetr. Wierzch ciasta posmaruj rozmąconym jajkiem.
k) Piec w piekarniku nagrzanym na 400 stopni F przez 20 minut. Zmniejsz temperaturę do 350 stopni i piecz przez kolejne 5 minut.
l) Wyjąć z piekarnika, gdy wierzch będzie złocistobrązowy. Ostudzić bułki kiełbaskowe na drucianej kratce.

SCONES I CHLEB

24. Pikantne bułeczki serowe

SKŁADNIKI:

- 225 g mąki zwykłej
- 2 płaskie łyżeczki proszku do pieczenia
- Szczypta soli
- ¼ łyżeczki musztardy
- 50 g masła
- 75 g tartego sera Cheddar
- 1 duże jajko
- 4 łyżki mleka śmietankowego
- Dodatkowe mleko do posmarowania

INSTRUKCJE:

a) Rozgrzej piekarnik do 220°C. Przesiej mąkę, proszek do pieczenia, sól i musztardę. Wcieraj masło, aż mieszanina będzie przypominać drobną bułkę tartą. Wymieszać z tartym serem.

b) Ubij jajko i dodaj mleko. Zrób wgłębienie na środku suchych składników i połącz płyn. Przełóż na posypaną mąką deskę. Lekko zagniatamy i za pomocą foremki do ciasta wycinamy krążki. Ułożyć na natłuszczonej blasze do pieczenia.

c) Posmaruj mieszanką jajka i mleka i piecz przez 12-15 minut lub do momentu, aż będą złociste i ugotowane.

25. Angielski chleb sodowy

SKŁADNIKI:
- 12 uncji/340 g zwykłej mąki, pełnoziarnistej lub białej
- 1/2 łyżeczki soli
- 1/2 łyżeczki wodorowęglanu sodu
- 1/2 szklanki maślanki

INSTRUKCJE:
a) Wymieszaj wszystkie suche składniki razem, a następnie przesiej suche składniki aby dodać powietrza. Następnie zrób wgłębienie na środku suchej mieszanki, dodaj połowę maślanki i delikatnie wymieszaj. Dodać resztę maślanki i lekko zagnieść do połączenia.
b) Jeśli mieszanka wydaje się sucha i ciężka, gdy używasz mąki pełnoziarnistej, dodaj trochę więcej maślanki. Ostrzegamy, że przyklei się do rąk.
c) Ciasto wyłóż na posypany mąką blat i delikatnie zagnieć, tak aby powstał okrągły placek, a następnie przenieś go na blachę do pieczenia. Na wierzchu chleba natnij dość głęboko krzyż, aby „wypuścić wróżki", a następnie włóż do piekarnika na 40–45 minut. Aby sprawdzić czy chleb jest upieczony lekko postukaj w spód jeśli wydaje głuchy odgłos to znaczy, że jest gotowy.
d) Możesz dodać wszelkiego rodzaju składniki mieszanki na chleb sodowy, ser i cebula, kawałki bekonu, owoce takie jak rodzynki, suszona żurawina i jagody, orzechy, nasiona, właściwie wszystko, co chcesz, aby stworzyć słodki lub pikantny chleb.

26. Angielski chleb pszenny

SKŁADNIKI:
- 500 g (1 funt 2 uncje) grubej mąki pełnoziarnistej
- 125 g (4 1/2 uncji) mąki zwykłej plus trochę do podsypania
- 1 łyżeczka sody oczyszczonej
- 1 łyżeczka soli
- 600 ml (1 pinta) maślanki, plus trochę więcej, jeśli to konieczne
- 1 łyżka jasnego brązowego cukru
- 1 łyżka roztopionego masła plus dodatkowa ilość do natłuszczenia patelni
- 2 łyżki złotego syropu

INSTRUKCJE:
a) Rozgrzej piekarnik do 200°C - 400°F i natłuść 2 x foremki do pieczenia.
b) Weź dużą miskę i przesiej do niej mąkę wraz z sodą oczyszczoną i solą. Zrób małe wgłębienie na środku tej suchej mieszanki i dodaj maślankę, brązowy cukier, roztopione masło i złoty syrop.
c) Całość delikatnie mieszamy, aż wszystkie składniki się połączą. Następnie rozłóż mieszaninę do foremek i posyp ulubionymi dodatkami.
d) Piecz około godziny. W połowie sprawdź, czy foremki nie wymagają obracania i czy bochenki nie przyrumieniły się zbytnio. Jeśli są, zmniejsz nieco ogień.
e) Aby sprawdzić, czy są upieczone, po prostu wyjmij je z formy i postukaj w spód chleba, jeśli wydaje głuchy odgłos, chleb będzie gotowy. Jeśli gotowe, umieść je na stojaku do studzenia. Po ostudzeniu podawać z dużą ilością masła.

27. Angielski lub Dublin Rozpieszczać

SKŁADNIKI:

- 1 łyżka oleju roślinnego
- 450g kiełbasek
- 200 g boczku, pokrojonego w paski
- 1 cebula, pokrojona w kostkę
- 2 marchewki, pokrojone w plasterki
- 1 kg lub 2,5 funta ziemniaków, obranych i pokrojonych w plasterki
- Świeżo zmielony czarny pieprz
- 500ml bulionu z kurczaka Można użyć kostki bulionowej roztopionej w gorącej wodzie
- 1 liść laurowy

INSTRUKCJE:

a) Rozgrzej piekarnik, podgrzewając go do 170°C lub 325°F. W trakcie rozgrzewania rozgrzej olej na patelni i podsmaż kiełbaski. Do podsmażonych kiełbasek dodaj boczek i smaż przez 2 minuty.

b) Połowę kiełbasy i boczku ułóż na dnie naczynia żaroodpornego, następnie dodaj połowę cebuli, marchewki i ziemniaków. Dopraw tę warstwę solą i pieprzem. Następnie ułóż na nim kolejną warstwę z resztą kiełbasek, boczku i warzyw, nie zapomnij również przyprawić tej warstwy.

c) Po doprawieniu całość zalewamy podgrzanym bulionem i dodajemy liść laurowy. Przykryj pokrywką i gotuj przez 2 godziny, następnie zdejmij pokrywkę i gotuj przez kolejne 30 minut.

d) Wyjmij z piekarnika na około 5 minut, jeśli chcesz, posyp natką pietruszki i podawaj.

28. Angielski Chleb Z Kwaśną Śmietaną

SKŁADNIKI:
- 2 ½ szklanki przesianej mąki uniwersalnej
- 2 łyżeczki proszku do pieczenia
- 1 łyżeczka soli
- ½ łyżeczki sody oczyszczonej
- ¼ szklanki tłuszczu
- ½ szklanki) cukru
- 1 jajko; bity
- 1 ½ szklanki Naszego kremu
- 1 szklanka rodzynek
- ½ szklanki porzeczek

INSTRUKCJE:
a) Rozgrzej piekarnik do 375 stopni. Do miski przesiej mąkę, proszek do pieczenia, sól i sodę. Odłożyć na bok.
b) Twaróg i cukier utrzeć na jasną i puszystą masę.
c) Dodaj jajko i śmietanę. Dobrze wymieszaj. Wmieszać do mieszanki mąki.
d) Mieszaj, aż dobrze się wymiesza. Dodać rodzynki i porzeczki. Włóż łyżką do natłuszczonej 2-litrowej brytfanny. Piec przez 50 minut.
e) Przykryć folią aluminiową i piec 10 minut dłużej lub do momentu upieczenia.

29.Angielski chleb wiejski

SKŁADNIKI:

- 8 uncji mąki
- 4 uncje cukru
- 8 uncji Mieszane suszone owoce
- ½ każdej Tartej skórki z cytryny
- 2 łyżki masła
- ½ łyżeczki soli
- 2 łyżeczki proszku do pieczenia
- 1 szczypta sody oczyszczonej
- 1 każde ubite jajko
- 1 ¼ szklanki maślanki

INSTRUKCJE:

a) Wymieszaj mąkę, cukier, owoce, skórkę z cytryny, masło, proszek do pieczenia i sodę.
b) Dodaj ubite jajko i maślankę, aby uzyskać ładne, miękkie ciasto; dobrze ubić i wlać do natłuszczonej formy do pieczenia chleba o wadze 2 funtów.
c) Piec w temperaturze 300 F przez 1 godzinę lub do momentu sprawdzenia za pomocą szpikulca.

30.Angielski chleb owsiany

SKŁADNIKI:
- 1 1/4 szklanki mąki uniwersalnej; podzielone, do 1
- 2 łyżki ciemnobrązowego cukru; mocno zapakowane
- 1 łyżeczka proszku do pieczenia
- 1 łyżeczka sody oczyszczonej
- ½ łyżeczki soli
- 2 łyżki masła; zmiękczony
- 2 szklanki mąki pełnoziarnistej mielonej w kamieniu
- 6 łyżek płatków owsianych
- 1 ½ szklanki maślanki
- 1 Białko jaja; do przeszkleń
- 2 łyżki pokruszonych płatków owsianych; do posypania

INSTRUKCJE:

a) W dużej misce wymieszaj 1 szklankę mąki, ciemnobrązowy cukier, proszek do pieczenia, sodę oczyszczoną i sól. Rozetrzyj mieszaninę między opuszkami palców, aby równomiernie rozprowadzić cukier.
b) Pokrój masło na masę za pomocą blendera do ciasta lub dwóch noży, aż mieszanina będzie przypominać drobne okruchy.
c) Wymieszaj mąkę pełnoziarnistą i płatki owsiane. Zrób wgłębienie na środku mieszanki i stopniowo dodawaj maślankę, lekko mieszając, aż mieszanina będzie dokładnie zwilżona. Używając pozostałej ¼ szklanki mąki, po trochu lekko posyp ciasto i uformuj kulę. Lekko zagniatamy, w razie potrzeby dodając mąkę, aż ciasto będzie gładkie i sprężyste, około 6-8 ugniatań.
d) Rozgrzej piekarnik do 375 stopni i lekko natłuść dużą blachę do pieczenia. Z ciasta uformuj gładką okrągłą kulę i umieść ją na środku przygotowanej blachy do pieczenia. Delikatnie wciśnij kulkę w gruby 7-calowy krążek. Za pomocą ostrego noża wytnij na wierzchu ciasta duży krzyż. Białka ubić lekko na pianę i posmarować nią lekko, ale równomiernie wierzch bochenka, tak aby się posmarował. Nie będziesz musiał używać całego białka.
e) Grubo posiekaj płatki owsiane w robocie kuchennym lub blenderze i posyp równomiernie glazurą z białek.
f) Piec na środku nagrzanego piekarnika przez 40-45 minut lub do momentu, aż bochenek ładnie się zarumieni, a przy uderzaniu będzie głuchy dźwięk. Natychmiast wyjmij bochenek na kratkę, aby ostygł.

31. Angielski chleb jogurtowy

SKŁADNIKI:
- 4 szklanki mąki
- ¾ łyżeczki sody oczyszczonej
- 3 łyżeczki proszku do pieczenia
- 1 łyżeczka soli
- 1 szklanka porzeczek
- 2 łyżki kminku
- 2 jajka
- 1 szklanka zwykłego jogurtu o niskiej zawartości tłuszczu; mieszany

INSTRUKCJE:
a) Wymieszaj suche składniki razem. Dodać porzeczki i kminek; Dodaj jajka.
b) Dodaj jogurt i mieszaninę wody i mieszaj, aż powstanie lepkie ciasto.
c) Wyrabiać na oprószonym mąką blacie przez 1 minutę, następnie uformować kulę i włożyć do dobrze natłuszczonej okrągłej formy do pieczenia.
d) Ostrym nożem na środku zaznacz krzyżyk i piecz w piekarniku nagrzanym na 350 stopni przez 1 godzinę i 15 minut, a następnie wyjmij chleb z brytfanny, a następnie pozostaw do ostygnięcia na metalowej kratce. Pokrój cienko do podania.
e) Dobrze się mrozi, najlepiej smakuje następnego dnia po upieczeniu

32. Angielski pełnoziarnisty chleb sodowy

SKŁADNIKI:
- 3 szklanki mąki pełnoziarnistej
- 1 szklanka mąki uniwersalnej
- 1 łyżka soli
- 1 łyżeczka sody oczyszczonej
- ¾ łyżeczki proszku do pieczenia
- 1 ½ szklanki maślanki, jogurtu lub mleka ukwaszonego sokiem z cytryny

INSTRUKCJE:

a) Połącz suche składniki i dokładnie wymieszaj, aby rozprowadzić sodę i proszek do pieczenia, następnie dodaj wystarczającą ilość maślanki, aby uzyskać miękkie ciasto, ale wystarczająco twarde, aby zachować swój kształt.

b) Wyrabiać na lekko oprószonej mąką stolnicy przez 2–3 minuty, aż ciasto będzie gładkie i aksamitne. Uformuj okrągły bochenek i umieść go w wysmarowanej masłem tortownicy o średnicy 8 cali lub na dobrze wysmarowanej masłem blasze z ciasteczkami.

c) Bardzo ostrym nożem posypanym mąką natnij krzyż na wierzchu bochenka.

d) Piec w piekarniku nagrzanym do 375 F przez 35-40 minut lub do czasu, aż bochenek ładnie się zarumieni i będzie wydawać głuchy dźwięk przy uderzaniu golonkami.

33. Angielski chleb piwny

SKŁADNIKI:
- 3 szklanki mąki samorosnącej
- ⅓ szklanki cukru
- 1 butelka angielskiego piwa

INSTRUKCJE:
a) Wymieszaj składniki w misce.
b) Wlać ciasto do natłuszczonej formy i piec w temperaturze 350 stopni przez godzinę.
c) Podawać na gorąco.

34. Angielski chleb Barmbrack

SKŁADNIKI:
- 1⅛ szklanki wody
- 3 szklanki mąki chlebowej
- 3 łyżeczki glutenu
- 1 ½ łyżeczki soli
- 3 łyżki cukru
- ¾ łyżeczki suszonej skórki cytryny
- ¾ łyżeczki zmielonego ziela angielskiego
- 1 ½ łyżki masła
- 2 łyżki mleka w proszku
- 2 łyżeczki aktywnych suchych drożdży Red Star
- ¾ szklanki rodzynek

INSTRUKCJE:

a) Wszystkie składniki umieścić w formie do pieczenia chleba zgodnie z instrukcją producenta .

b) W ten sposób powstaje gęsty bochenek średniej wielkości (6-7 cali wysokości). Aby uzyskać puszysty, wyższy bochenek, zwiększ ilość drożdży do 2 ½ łyżeczki.

c) Składniki powinny mieć temperaturę pokojową. Jeśli to konieczne, podgrzej wodę i masło w kuchence mikrofalowej na 50-60 sekund na maksymalnej mocy.

d) Dodaj ¼ szklanki rodzynek na 4 minuty po pierwszym cyklu.

e) Dodaj pozostałe rodzynki tuż po okresie odpoczynku i rozpoczęciu drugiego wyrabiania.

35. Angielski piegowy chleb

SKŁADNIKI:
- 2 Bochenki
- 4¾ na 5 3/4 szklanki nieprzesianej mąki
- ½ szklanki) cukru
- 1 łyżeczka soli
- 2 opakowania suchych drożdży
- 1 szklanka wody ziemniaczanej
- ½ szklanki margaryny
- 2 Jajka, temperatura pokojowa
- ¼ szklanki puree ziemniaczanego, temperatura pokojowa
- 1 szklanka rodzynek bez pestek

INSTRUKCJE:
a) W dużej misce dokładnie wymieszaj 1 ½ szklanki mąki, cukier, sól i nierozpuszczone drożdże. W rondlu wymieszaj wodę ziemniaczaną i margarynę.
b) Podgrzewaj na małym ogniu, aż płyn będzie ciepły – margaryna nie musi się topić. Stopniowo dodawaj do suchych składników i ubijaj przez 2 minuty na średnich obrotach mikserem elektrycznym, od czasu do czasu zeskrobując miskę. Dodaj jajka, ziemniaki i ½ szklanki mąki lub tyle mąki, aby uzyskać gęste ciasto. Dodaj rodzynki i taką ilość dodatkowej mąki, aby powstało miękkie ciasto.
c) Wyłożyć na posypaną mąką deskę. Ugniataj, aż będzie gładkie i elastyczne, około 10 minut. Umieścić w natłuszczonej misce, obracając ciasto na tłuszcz.
d) Przykryj i odstaw do wyrośnięcia, aż podwoi swoją objętość. Uderz ciasto w dół. Wyłożyć na lekko posypaną mąką deskę.
e) Ciasto podzielić na 4 równe części. Z każdego kawałka uformuj smukły bochenek o długości około 8 ½ cala. Połóż 2 bochenki obok siebie w każdej z 2 natłuszczonych foremek o wymiarach 8 ½ x 4 ½ x 2 ½ cala. Okładka. Odstawiamy do wyrośnięcia w ciepłe miejsce, bez przeciągów, aż do podwojenia objętości.
f) Piec w nagrzanym piekarniku do 375 F przez 35 minut lub do momentu upieczenia. Wyjąć z foremek i ostudzić na metalowej kratce.
Książka kucharska Colorado Cache (1978) Z kolekcji Jima Vorheisa

36. Chleb Przyprawowy

SKŁADNIKI:
- 10 uncji mąki
- 2 łyżeczki proszku do pieczenia
- ½ łyżeczki sody oczyszczonej
- 1 łyżeczka Mieszanki przypraw
- ½ łyżeczki mielonego imbiru
- 4 uncje jasnobrązowego cukru
- 2 uncje posiekanej kandyzowanej skórki
- 6 uncji rodzynek, zwykłych lub złotych
- 4 uncje masła
- 6 uncji Złotego syropu
- 1 duże jajko, ubite
- 4 łyżki mleka

INSTRUKCJE:

a) Mąkę przesiać z sodą i proszkiem do pieczenia oraz wymieszaną przyprawą i imbirem: następnie dodać brązowy cukier, posiekaną skórkę i rodzynki: wymieszać.

b) Zrób studnię na środku. Masło roztapiamy z syropem na małym ogniu, następnie wlewamy do zagłębienia w mieszance. Dodać roztrzepane jajko i mleko i bardzo dobrze wymieszać. Wlać do natłuszczonej formy do pieczenia chleba o wadze 2 funtów i piec w nagrzanym piekarniku w temperaturze 325 F przez 40-50 minut lub do momentu wykonania testu. Chleb ten będzie wilgotny przez kilka dni i w tym okresie nieco się poprawi.

DANIE GŁÓWNE

37.Mistrz Anglii

SKŁADNIKI:

- 5 ziemniaków dobrej wielkości
- 1 szklanka zielonej cebuli
- 1 szklanka mleka, najlepiej pełnego
- 55 gramów solonego masła
- sól dla smaku)
- biały pieprz (do smaku)

INSTRUKCJE:

a) Napełnij garnek ziemniakami i zalej wodą z okrągłą łyżeczką soli. Ziemniaki gotuj na wolnym ogniu, aż będą ugotowane. Aby przyspieszyć czas gotowania, po prostu pokrój ziemniaki na mniejsze kawałki.

b) Podczas gdy ziemniaki się gotują, drobno posiekaj zieloną cebulę. Trzymaj zieloną część z dala od białej.

c) Odcedź wodę z ziemniaków i upewnij się, że cała woda została usunięta. Następnie do garnka dodać masło i mleko i delikatnie rozgnieść ziemniaki. Po zmiksowaniu wymieszaj białe części cebuli, a następnie dopraw solą i białym pieprzem do smaku. Usuń cały Champ do miski w celu podania.

d) Przed podaniem posyp posiekaną zieloną cebulą i ciesz się smakiem.

38. Colcannon Z Kapustą Lub Jarmużem

SKŁADNIKI:

- 1 kg obranych ziemniaków
- 250 g posiekanej kapusty lub jarmużu, dobrze umytego i drobno pokrojonego, odrzucić grube łodygi
- 100 ml/1 filiżanka + 1 łyżka mleka
- 100g/1 szklanka + 2 łyżki masła
- Sól i świeżo zmielony czarny pieprz

INSTRUKCJE:

a) Obrane ziemniaki włóż do garnka i zalej wodą z łyżeczką soli. Doprowadzić do wrzenia, a następnie gotować do miękkości.

b) W czasie gdy ziemniaki się gotują, ugotuj kapustę lub jarmuż. Włóż 1 łyżkę masła do grubej patelni i rozpuść, aż zacznie się pienić. Dodać posiekany jarmuż lub kapustę ze szczyptą soli. Połóż pokrywkę na patelni i gotuj na dużym ogniu przez 1 minutę.

c) Warzywa mieszamy i smażymy jeszcze przez minutę, po czym odsączamy płyn i doprawiamy solą i pieprzem.

d) Ziemniaki odcedzić i rozgnieść z odrobiną mleka i 1 łyżką masła, następnie wymieszać z jarmużem lub kapustą i doprawić do smaku solą i pieprzem.

39.Kurczakiem I Porem

SKŁADNIKI:
- 6 uncji ciasta kruchego
- 1 kurczak, około 4 funtów
- 4 plastry steku z szynki
- 4 Duże pory, oczyszczone/posiekane
- 1 cebula
- Sól i pieprz
- 1 szczypta Zmielony muszkatołowiec lub gałka muszkatołowa
- 300 mililitrów bulionu z kurczaka
- 125 mililitrów Podwójna śmietanka

INSTRUKCJE:
a) Wyrobić ciasto i odstawić je w chłodne miejsce, aby odpoczęło.
b) W głębokim naczyniu o pojemności 1–1,5 litra ułóż warstwy kurczaka, szynki, porów i cebuli lub szalotki, dodając gałkę muszkatołową i przyprawy, a następnie powtarzaj układanie warstw, aż naczynie będzie pełne. Dodać bulion, zwilżyć brzegi naczynia i rozwałkować ciasto do wymaganej wielkości.
c) Na ciasto wykładamy ciasto i dobrze dociskamy brzegi. Zaciśnij je widelcem. Zrób mały otwór na środku. Rozwałkuj skrawki ciasta i uformuj listek lub rozetę na wierzchu. Umieść to bardzo lekko nad małym otworem. Posmaruj ciasto mlekiem i piecz w umiarkowanej temperaturze, 150°F, przez 25-30 minut.
d) Jeśli ciasto z wierzchu wydaje się zbyt brązowe, po częściowym ugotowaniu przykryj je wilgotnym papierem do pieczenia.
e) Delikatnie podgrzej krem. Gdy ciasto będzie upieczone, wyjmij je z piekarnika.
f) Ostrożnie zdejmij rozetę i przez otwór wlej krem. Odłóż rozetę i podawaj. (To ciasto po ostygnięciu tworzy pyszną, miękką galaretkę.)

40. Orkisz I Pory

SKŁADNIKI:
- 50 g (4 łyżki) masła
- 3 pory, pokrojone w cienkie plasterki
- posiekane listki kilku gałązek tymianku
- 1 liść laurowy
- 350 g/12 uncji (2 filiżanki) ziaren orkiszu
- 250 ml/8 uncji (1 szklanka) cydru (twardego cydru)
- 750 ml/25 uncji (3 szklanki) bulionu warzywnego (bulionu)
- 2 łyżki posiekanej natki pietruszki
- Sól morska

INSTRUKCJE:
a) Rozpuść połowę masła na dużej patelni (rondlu) na średnim ogniu. Smaż pory z tymiankiem i liściem laurowym przez około 5 minut, aż będą miękkie i miękkie. Dodać ziarna orkiszu i gotować przez minutę, następnie dodać cydr i doprowadzić do wrzenia.

b) Dodać bulion (bulion) i gotować na wolnym ogniu przez 40 minut – 1 godzinę, aż orkisz będzie ugotowany i miękki. W razie potrzeby dodać trochę więcej wody.

c) Zdjąć z ognia i dodać pozostałe masło i pietruszkę. Dopraw przed podaniem.

41.Dorsz Z Szafranem I Pomidorami

SKŁADNIKI:
- 1 łyżka oleju rzepakowego (rzepakowego).
- 1 cebula, drobno pokrojona
- 2 ząbki czosnku, zmiażdżone
- 150 g (około 3 małych) ziemniaków, obranych i pokrojonych w kostkę
- 1 liść laurowy
- 175 ml/6 uncji (filiżanki) sherry
- dobrą szczyptę szafranu
- 350 ml/12 uncji (1 filiżanka) bulionu rybnego (bulionu)
- 1 puszka 400 g (14 uncji) zmiksowanych pokrojonych pomidorów
- 600 g filetu z dorsza, pozbawionego skóry i kości, pokrojonego na kawałki wielkości kęsa
- 2 łyżki natki pietruszki
- sól morska i świeżo zmielony czarny pieprz

INSTRUKCJE:
a) W dużym rondlu rozgrzej oliwę na średnim ogniu, dodaj cebulę i czosnek, przykryj i smaż przez około 5 minut, aż będą miękkie i ładnie się zarumienią. Doprawić odrobiną soli.

b) Dodać ziemniaki i liść laurowy i smażyć kilka minut. Następnie dodać sherry, szafran i bulion rybny. Gotuj około 15 minut, aż ziemniaki będą prawie miękkie.

c) Dodać pomidory, zmniejszyć ogień i gotować 15 minut. W ostatniej minucie dodaj rybę i smaż przez 1 minutę. Dodajemy posiekaną natkę pietruszki i doprawiamy do smaku solą i pieprzem.

42. Gołąb I Stout

SKŁADNIKI:
- 4 gołębie, oskubane i wypatroszone
- 4 łyżki oleju rzepakowego (rzepakowego).
- 75 g/2. uncja (5 łyżek stołowych) masła
- kilka gałązek tymianku
- 2 cebule, posiekane
- 2 ząbki czosnku, bardzo drobno posiekane
- 250 g grzybów pokrojonych w plasterki
- 500 ml bulionu z kurczaka (2 filiżanki)
- 4 łyżki whisky
- 500 ml/17 uncji (obfite 2 filiżanki) stout
- sól morska

INSTRUKCJE:
a) Dopraw gołębie solą morską. Rozgrzej 3 łyżki oleju na dużej patelni na średnim ogniu, dodaj gołębie i obsmaż. Po kilku minutach dodać masło z tymiankiem i pozostawić do skarmelizowania. Smaż gołębie przez kilka minut, aż ładnie się zarumienią. Zdejmij gołębie z patelni i daj im odpocząć.

b) Wytrzyj patelnię papierowymi ręcznikami, usuwając masło i tymianek. Rozgrzej pozostały olej na patelni na średnim ogniu i smaż cebulę i czosnek przez 3–4 minuty, aż będą przezroczyste.

c) Dopraw solą morską, dodaj grzyby i smaż przez 5–7 minut, aż grzyby nabiorą ładnego koloru. Dodaj bulion z kurczaka (rosół), whisky i stout.

d) Doprowadzić do wrzenia, zmniejszyć ogień i gotować przez 30 minut.

e) Włóż gołębie z powrotem na patelnię, przykryj i gotuj na wolnym ogniu przez kolejne 20 minut, aż gołębie będą ugotowane; temperatura wnętrza mięsa z piersi powinna osiągnąć 65°C/150°F na termometrze do mięsa.

43.Gorący garnek z jagnięciną

SKŁADNIKI:
- 750 g/1 funt 10 uncji funtów łopatka jagnięca, pokrojona w kostkę
- 50 g/2 uncji (. szklanki) ociekającej wołowiny
- 3 cebule, pokrojone w plasterki
- 2 łyżki drobno posiekanego tymianku
- 2 łyżki mąki zwykłej (uniwersalnej).
- 750 ml (3 szklanki) bulionu jagnięcego (bulion), podgrzanego
- 750 g/1 funt 10 uncji funtów (7 średnich) ziemniaków, obranych i pokrojonych w cienkie plasterki
- 50 g roztopionego masła (3 łyżki stołowe).
- sól morska i świeżo zmielony czarny pieprz

INSTRUKCJE:
a) Rozgrzej piekarnik do 180°C/350°F/gaz Mark 4.
b) Dopraw jagnięcinę czarnym pieprzem i solą. Podgrzej wołowinę w żeliwnym garnku na średnim ogniu, dodaj jagnięcinę i smaż partiami przez 5–10, aż ładnie się zarumieni. Wyjąć i zarezerwować w ciepłym miejscu.
c) Do garnka dodaj cebulę i połowę tymianku i smaż przez około 5 minut, aż będą miękkie i przezroczyste. Aby przygotować zasmażkę, dodaj mąkę i gotuj przez 2 minuty, aż powstanie luźna pasta. Stopniowo wlewaj ciepły bulion jagnięcy (bulion) i mieszaj, aż zasmażka się rozpuści.
d) Zrumienioną jagnięcinę włóż z powrotem do garnka. Na wierzchu ułóż plasterki ziemniaków, tworząc okrężny wzór. Posmaruj roztopionym masłem i dopraw solą morską, czarnym pieprzem i resztą tymianku.
e) Przykryć i piec w nagrzanym piekarniku przez 45 minut. Na ostatnie 15 minut zdejmij pokrywkę, aby ziemniaki się zarumieniły.

44. Rosół z kurczaka z wieloma dobrymi rzeczami

SKŁADNIKI:

- 1,8 litra (3 pinty) dobrze aromatyzowanego i odtłuszczonego domowego bulionu z kurczaka
- 225 g (8 uncji) niegotowanego lub gotowanego, rozdrobnionego kurczaka (wolę używać brązowego mięsa)
- łuskana sól morska i świeżo zmielony czarny pieprz
- 6 średnich czerwonych pomidorów, pokrojonych w 1 cm kostkę
- 2–3 dojrzałe awokado Hass, pokrojone w 1,5 cm (2/3) kostkę
- 2 średnie czerwone cebule, pokrojone w 1 cm (1/2 cala) kostkę
- 2 zielone chilli Serrano lub Jalapeño, pokrojone w cienkie plasterki
- 3 organiczne limonki, pokrojone w ósemki
- 3–4 miękkie tortille kukurydziane lub duża paczka wysokiej jakości chipsów tortilla
- 4–6 łyżek grubo posiekanych liści kolendry

INSTRUKCJE:

a) Włóż bulion z kurczaka do szerokiego 2,5-litrowego rondla i zagotuj

b) wrzód. Skosztuj i dopraw solą i pieprzem – bulion powinien mieć pełny, bogaty smak, w przeciwnym razie zupa będzie mdła i mdła.

c) Tuż przed podaniem dodaj posiekanego kurczaka do gorącego bulionu i delikatnie gotuj, aby nie stwardniał.

d) Ugotowanego kurczaka wystarczy podgrzać w bulionie.

e) Surowe białe mięso gotuje się 2–3 minuty, a smaży nieco dłużej – 4–6 minut. Doprawić do smaku.

45. Kapusta I Bekon

SKŁADNIKI:
- 2 małe kapusty włoskie
- 8 pasków boczku
- Sól i pieprz
- 4 Całe jagody ziela angielskiego
- 300 mililitrów bulionu z bekonu lub kurczaka

INSTRUKCJE:
a) Kapustę przekrój na pół i gotuj przez 15 minut w osolonej wodzie.
b) Odcedzić, zalać zimną wodą na 1 minutę, następnie dobrze odcedzić i pokroić. Dno naczynia żaroodpornego wyłóż połową pasków boczku, na wierzch połóż kapustę i dodaj przyprawy.
c) Dodaj tyle bulionu, aby ledwo go przykrył, a następnie połóż na wierzchu pozostałe paski bekonu. Przykryć i dusić przez godzinę, aż wchłonie większość płynu.

46. Pieczony Nadziewany Śledź

SKŁADNIKI:
- 4 łyżki bułki tartej (czubate)
- 1 łyżeczka posiekanej natki pietruszki
- 1 małe jajko, ubite
- 1 Sok i skórka z cytryny
- 1 szczypta gałki muszkatołowej
- 1 Sól i pieprz
- 8 Śledzie oczyszczone
- 300 mililitrów Twardy cydr
- 1 liść laurowy, dobrze pokruszony
- 1 Świeżo mielony pieprz

INSTRUKCJE:
a) Najpierw przygotowujemy farsz mieszając bułkę tartą, natkę pietruszki, roztrzepane jajko, sok i skórkę z cytryny oraz sól i pieprz.
b) Powstałą mieszanką nafaszeruj rybę. Ułożyć blisko siebie w naczyniu żaroodpornym; dodać cydr, pokruszony liść laurowy oraz sól i pieprz.
c) Przykryj folią i piecz w temperaturze 350 F przez około 35 minut.

47.Duszony Seler

SKŁADNIKI:
- Po 1 selerze głowiastym
- 1 sztuka Średnia cebula
- 1 łyżeczka posiekanej natki pietruszki
- 2 Plasterki boczku
- Zapas 10 uncji płynu
- 1 x Sól/pieprz do smaku
- 1 uncja masła

INSTRUKCJE:
a) Seler oczyść, pokrój w kilkucentymetrowe kawałki i ułóż w naczyniu żaroodpornym.
b) Drobno posiekaj boczek i cebulę, posyp selerem i posiekaną natką pietruszki. Wlać do wywaru. Kropka z kawałkami masła.
c) Przykryj naczynie i piecz w średnio nagrzanym piekarniku przez 30-45 minut.

48. Łosoś w pięciu przyprawach z kiszoną kapustą

SKŁADNIKI:
- ½ funta boczku angielskiego
- 1 łyżka nasion kminku
- 1 duża cebula
- 1 pomidor śliwkowy; posiekany, z
- Nasiona i skórka
- 2 funty kiszonej kapusty; osuszony w razie potrzeby
- 12-uncjowe piwo typu lager
- ¼ szklanki nasion kolendry
- ¼ szklanki nasion kminku
- ¼ szklanki nasion kopru włoskiego
- ¼ szklanki nasion czarnej cebuli
- ¼ szklanki nasion czarnej gorczycy
- 4 filety z łososia do 6 - (6 uncji szt.); skórę, przeciąć
- Od środkowej części
- ¼ szklanki oleju roślinnego

INSTRUKCJE:
a) Dusić boczek, kminek i cebulę przez pięć do siedmiu minut lub do momentu, aż będą miękkie, ale nie zabarwione.
b) Dodaj pomidora, kapustę kiszoną i piwo i zagotuj.
c) Zmniejsz ogień, aby zagotować i gotuj pod przykryciem przez godzinę. Ostudź i zachowaj do czasu, aż będzie potrzebne. W lodówce będzie można przechowywać do tygodnia bez zepsucia się. Łosoś: Zmiksuj każdą przyprawę krótko w blenderze, aby ją rozdrobnić, ale nie sproszkuj na proszek. Wszystko dobrze wymieszaj w misce. Każdy kawałek łososia zwilż wodą od strony skóry. Obtocz każdy kawałek skórą do dołu w mieszance przypraw.
d) Odłożyć na bok. W międzyczasie rozgrzej ciężką patelnię lub patelnię. Dodaj olej, a następnie dodaj kawałki łososia, skórą do dołu i przykryj szczelnie przylegającą pokrywką. W przypadku rzadkich ryb należy je gotować przez cztery minuty tylko z jednej strony.
e) W razie potrzeby gotuj dłużej. Odkrywamy patelnię i wyjmujemy rybę na papierowy ręcznik, aby odciekła. Podawaj łososia z gorącą kiszoną kapustą.

49. Gorące Małże Maślane

SKŁADNIKI:
- 2 litry małży
- 4 uncje masła
- 1 Sól i pieprz
- 2 łyżki posiekanego szczypiorku

INSTRUKCJE:
a) Małże dokładnie umyj pod bieżącą wodą. Usuń „brody" i wyrzuć wszelkie otwarte muszle.
b) Umieść małże na patelni i gotuj w wysokiej temperaturze przez 7–8 minut, aż muszle się otworzą. Doprawić solą lub pieprzem. Ułożyć w naczyniu do serwowania i zalać sosem z gotowania.
c) Posmaruj kawałkami masła i posyp posiekanym szczypiorkiem. Podawać ze świeżym brązowym pieczywem i masłem.

50.Angielskie Ziemniaki Cynamonowe

SKŁADNIKI:
- 8 uncji serka śmietankowego, zmiękczonego
- 8 uncji kokosa
- 1 pudełko (1 funt) 10X cukru
- 1 łyżka mleka
- 1 łyżka angielskiej whisky (lub waniliowej)
- Cynamon

INSTRUKCJE:
a) Wymieszaj serek śmietankowy i cukier.
b) Następnie dodać resztę składników (oprócz cynamonu).
c) Formuj kulki o średnicy ¾ cala. Obtaczaj w cynamonie.
d) Odstaw na kilka dni, żeby zastygło. Potem ciesz się.

51. Angielska Polędwica Wieprzowa Z Cytryną I Ziołami

SKŁADNIKI:

- 6 funtów Schab bez kości
- ½ szklanki posiekanej natki pietruszki
- ¼ szklanki mielonej cebuli
- ¼ szklanki Drobno startej skórki cytryny
- 1 łyżka bazylii
- 3 zmiażdżone ząbki czosnku
- ¾ szklanki oliwy z oliwek
- ¾ szklanki wytrawnego sherry

INSTRUKCJE:

a) Osusz wieprzowinę. Dobrze nabij ostrym nożem.
b) Połącz pietruszkę, cebulę, skórkę, bazylię i czosnek w małej misce.
c) Wlać ⅔ oleju. Wcieraj w wieprzowinę.
d) Zawinąć w folię i wstawić do lodówki na noc. Pozostaw wieprzowinę w temperaturze pokojowej na 1 godzinę przed pieczeniem.
e) Rozgrzej piekarnik do 350 stopni F. Posmaruj wieprzowinę pozostałą oliwą z oliwek. Umieścić na ruszcie w płytkiej patelni.
f) Piec, aż termometr do mięsa włożony w najgrubszą część mięsa zarejestruje 170 stopni F, około 2,5 godziny. Odłóż mięso na bok. Odtłuścić soki z patelni.
g) Zmiksuj Sherry z sokami z patelni. Przykryj i gotuj na małym ogniu 2 minuty.
h) Przełożyć wieprzowinę na talerz. Udekoruj świeżą natką pietruszki i plasterkami cytryny. Osobno podawaj sos.

52.Angielska wieprzowina w stoucie z przyprawami

SKŁADNIKI:
- 6 uncji brązowego cukru
- Czosnek
- Oregano
- tymianek
- Ocet
- 2 łyżeczki soli kamiennej
- 2 łyżeczki mielonego czarnego pieprzu
- 6 Oliwki czarne
- Szałwia
- 6 śliwek
- Filety z anchois
- 2 łyżki masła
- 2 łyżki oliwy z oliwek
- 1 cebula; pokrojony
- 1 uncja zasmażki

INSTRUKCJE:

a) Ostrożnie odetnij skórkę z wieprzowiny i odłóż na bok. Wykonaj sześć nacięć w każdym kostce. Owiń szałwię wokół oliwek i włóż ją w połowę nacięć. Owiń anchois wokół śliwek i włóż je do pozostałych otworów. Aby przygotować marynatę, wystarczy dodać wszystkie składniki marynaty do blendera i wymieszać na gładką pastę.

b) Jeśli pasta jest zbyt sucha, dodaj trochę oleju, aby powstała pasta. Zalać marynatą obie golonki i pozostawić na noc. Aby ugotować wieprzowinę, weź duży garnek i rozpuść 2 uncje masła i 2 łyżki oliwy z oliwek. Smażyć mięso w garnku przez 5-8 minut, obracając w połowie czasu.

c) Dodać pokrojoną cebulę i resztę marynat.

d) Dodaj jedną małą butelkę stouta.

e) Połóż skórę z golonków na wierzchu mięsa, tworząc „pokrywkę". Wstawić garnek do niskiego piekarnika nagrzanego na 130°C/gaz2 na 3-4 godziny. Wyrzuć skórę. Usuń kości z mięsa, co powinno nastąpić bez problemu, a następnie przełóż je do miski.

f) Pozostałe soki zmiksuj w blenderze i przelej do garnka. Doprowadzić sok do wrzenia i dodać zasmażkę, aby zgęstniała. Wylać na mięso. Podawać.

53. Pstrąg pieczony po angielsku

SKŁADNIKI:
- 4 zielone cebule; pokrojony
- 1 Zielony pieprz; posiekana
- ¼ szklanki margaryny lub masła
- 1 szklanka miękkiej bułki tartej
- ¼ szklanki świeżej pietruszki; odcięty
- 1 łyżeczka soku z cytryny
- 1 łyżeczka soli
- ¼ łyżeczki suszonych liści bazylii
- 4 Cały pstrąg; wyciągana sól

INSTRUKCJE:

a) Gotuj i mieszaj cebulę i pieprz w margarynie, aż cebula będzie miękka; zdjąć z ognia. Wymieszaj bułkę tartą, pietruszkę, sok z cytryny, 1 łyżeczkę. sól i bazylia.

b) Natrzyj ubytki ryb solą; Nadziewaj każdą porcją około ¼ szkl. farszu. Umieść rybę w natłuszczonym podłużnym naczyniu do pieczenia o wymiarach 13 1/2x9x2 cali.

c) Gotuj bez przykrycia w 350 st. piekarnika, aż ryba będzie łatwo płatkowata widelcem, 30 do 35 minut.

d) W razie potrzeby udekoruj rybę pomidorkami koktajlowymi i natką pietruszki.

GULASY I ZUPY

54. Angielski gulasz jagnięcy

SKŁADNIKI:
- 1-1½ kg lub 3,5 funta szyi lub łopatki jagnięcej
- 3 duże cebule, drobno posiekane
- Sól i świeżo zmielony czarny pieprz
- 3-4 marchewki, pokrojone na małe kawałki
- 1 por, pokrojony na małe kawałki
- 1 mała rzepa/brudycja/rutabaga, pokrojona na małe kawałki
- 10 małych młodych ziemniaków, obranych i pokrojonych na ćwiartki lub 2 duże ziemniaki, obrane i pokrojone
- 1/4 małej kapusty, poszatkowana
- Bukiet z pietruszki, tymianku i liścia laurowego - zwiąż go sznurkiem, który możesz zostawić
- Odrobina sosu Worcestershire

INSTRUKCJE:
a) Możesz poprosić rzeźnika, aby odciął mięso od kości i odciął tłuszcz, ale zachowaj kości lub zrób to w domu. Usuń tłuszcz i pokrój mięso w kostkę. Mięso włóż do garnka wypełnionego zimną, osoloną wodą i zagotuj razem z mięsem. Gdy wszystko się zagotuje, zdejmij z ognia i odcedź, opłucz jagnięcinę, aby usunąć wszelkie pozostałości.

b) Podczas gotowania w nowym garnku umieść kości, cebulę, warzywa, ale nie ziemniaki i kapustę. Dodać przyprawy i bukiet ziół, zalać zimną wodą. Gdy mięso zostanie opłukane, włóż je do garnka i gotuj na wolnym ogniu przez godzinę. Co jakiś czas będziesz musiał zgarnąć piankę.

c) Po upływie jednej godziny dodaj ziemniaki i kontynuuj gotowanie gulaszu przez 25 minut. Dodaj ziemniaki i kontynuuj gotowanie przez 25 minut. Dodaj kapustę na ostatnie 6-7 minut gotowania.

d) Gdy mięso będzie miękkie i się rozpada, usuń kości i bukiet ziół. W tym momencie spróbuj gulaszu, następnie dodaj sos Worcestershire do smaku i podawaj.

55.Pieczony pasternak po angielsku

SKŁADNIKI:
- 2 ½ funta pasternaku
- 2 uncje masła lub tłuszczu z bekonu
- 3 łyżki bulionu
- 1x Sól i pieprz
- 1 x szczypta gałki muszkatołowej

INSTRUKCJE:
a) Pasternak obrać, pokroić w ćwiartki i usunąć zdrewniały rdzeń. Gotuj przez 15 minut.
b) Ułożyć w naczyniu żaroodpornym. Dodać bulion i posypać solą, pieprzem i gałką muszkatołową.
c) Posmaruj masłem i piecz przez 30 minut na niskiej półce w średnio nagrzanym piekarniku.

56. Angielska zupa z owoców morza

SKŁADNIKI:

- 4 małe filety z morszczuka, około 1 funt/500 g
- 2 filety z łososia jak wyżej
- 1 kawałek wędzonej ryby o wadze około 1/2 funta/250 g
- 1 łyżka oleju roślinnego
- 1 łyżeczka masła
- 4 ziemniaki
- 2 marchewki
- 1 cebula
- 500 ml / 2,25 szklanki bulionu rybnego lub drobiowego
- 2 łyżki suszonego koperku
- 250 ml/1 szklanka śmietanki
- 100 ml/1/2 szklanki mleka
- 4 łyżki drobno pokrojonego szczypiorku

INSTRUKCJE:

a) Weź ziemniaki, obierz je i pokrój w małą kostkę. Marchewkę obrać i pokroić w mniejszą kostkę niż ziemniaki.

b) Usuń skórę z ryby, jeśli jest, i pokrój ją w duże kawałki, rozpadnie się podczas gotowania.

c) Do głębokiego garnka włóż oliwę i masło. Delikatnie podsmaż cebulę, ziemniaki, koperek i marchewkę przez około 5 minut. Wlać bulion na patelnię i gotować na wolnym ogniu przez 1 minutę.

d) Zdejmij pokrywkę garnka, dodaj śmietanę i mleko, a następnie rybę. Gotuj na wolnym ogniu (nie gotuj), aż ryba będzie ugotowana.

e) Podawać z natką pietruszki i odrobiną domowego chleba pszennego.

57.Gulasz Z Kurczaka Z Kluskami

SKŁADNIKI:
- 1 kurczak, pokrojony na 8 części
- 15 g/. uncje (2 łyżki) zwykłej (uniwersalnej) mąki
- 2 łyżki oleju rzepakowego (rzepakowego).
- 15 g/. uncja (1 łyżka stołowa) masła
- 1 cebula, posiekana
- 4 liście szałwii
- po gałązce rozmarynu i tymianku
- 2 marchewki, posiekane
- 250 ml/8 uncji (1 szklanka) cydru (twardego cydru)
- 1 litr kurczaka
- bulion (bulion)
- 1 łyżeczka soli morskiej
- świeżo zmielony czarny pieprz
- posiekana natka pietruszki, do dekoracji Do klusek
- 350 g/12 uncji (2 filiżanki) zwykłej (uniwersalnej) mąki, przesianej
- 50 g (4 łyżki) zimnego masła, startego
- 1 łyżeczka proszku do pieczenia
- 350 ml/12 uncji (1 filiżanka) mleka
- sól morska

INSTRUKCJE:
a) Kawałki kurczaka dopraw solą i odrobiną pieprzu i obtocz w mące.
b) Rozgrzej olej na średnim ogniu na dużej patelni lub naczyniu żaroodpornym o grubym dnie (piekarnik holenderski) i smaż kawałki kurczaka partiami przez około 5 minut, aż całość będzie złocistobrązowa. Odłóż kurczaka na bok i wytrzyj patelnię.
c) Na patelni roztapiamy masło, dodajemy cebulę, szałwię, rozmaryn i tymianek. Smaż przez 3-4 minuty, aż cebula będzie miękka, następnie dodaj marchewkę. Zdeglasuj patelnię cydrem i zagotuj.
d) Włóż kurczaka wraz z sokami na patelnię i zalej bulionem (bulionem). Gotuj na średnim ogniu przez około 25–30 minut, aż kurczak będzie ugotowany bez śladów różu i sok będzie klarowny.
e) W międzyczasie, aby przygotować kluski, w misce wymieszaj mąkę i masło, proszek do pieczenia i sól. Dodajemy mleko i wyrabiamy luźne ciasto. Na ostatnie 5–10 minut gotowania na patelnię z kurczakiem nakładać łyżkami mieszanki klusek, przewracając kluski w połowie czasu, aby usmażyły się z obu stron.
f) Dodaj pietruszkę i podawaj.

58.Zupa Krem Z Małży

SKŁADNIKI:
- ¾ litra małży
- 3 szklanki zimnej wody
- 2 uncje masła
- 1 uncja mąki
- ½ szklanki pojedynczego kremu
- 1x Sól i pieprz

INSTRUKCJE:
a) Dokładnie umyj małże.
b) Podgrzewaj na suchej patelni, aż muszle się otworzą. Skorupa i broda małży.
c) W rondlu rozpuść masło, dodaj mąkę i smaż przez 1 lub 2 minuty.
d) Zdejmij z ognia i dodaj wodę oraz płyn pozostały z patelni. Dodać sól i pieprz, doprowadzić do wrzenia, przykryć i dusić przez 10 minut.
e) Zdjąć z ognia. Wymieszać z małżami i śmietaną. Doprawić do smaku i natychmiast podawać.

59. Zupa ze świeżego groszku

SKŁADNIKI:
- 350 gramów groszku, świeżo łuskanego
- 2 łyżki masła
- 1 sztuka Średniej wielkości cebula, posiekana
- 1 sałata lodowa głowiasta/posiekana
- 1 gałązka mięty, posiekana
- 1 gałązka natki pietruszki, posiekana
- 3 paski boczku, posiekane
- 1½ litra bulionu z szynki
- 1x Sól i pieprz
- 1 x cukier
- 1 x posiekana natka pietruszki

INSTRUKCJE:
a) Po obraniu grochu strąki zachowaj, umyj i zagotuj w bulionie szynkowym, przygotowując zupę.
b) W dużym rondlu rozgrzać masło i zmiękczyć w nim cebulę, następnie dodać sałatę, miętę i pietruszkę.
c) Boczek obierz i posiekaj. Smaż około 2 minut, od czasu do czasu przewracając; Do rondelka z groszkiem dodać sól, pieprz i niewielką ilość cukru. Odcedź bulion i dodaj.
d) Doprowadzić do wrzenia, mieszając, po czym gotować na wolnym ogniu przez około pół godziny, az groszek będzie dosć miękki.
e) Udekorować posiekaną natką pietruszki lub miętą.

60.Błyskawiczna angielska zupa-krem ziemniaczany

SKŁADNIKI:
- 1 szklanka ziemniaków; obrane i pokrojone w kostkę
- 1 szklanka cebuli; pokrojone w kostkę
- 1 szklanka marchewki; pokrojone w kostkę
- 2 łyżki Koperek, świeży; posiekany LUB
- 1 łyżka suszonego koperku
- ¼ łyżeczki mielonego białego pieprzu
- 1 łyżeczka granulowanego czosnku LUB
- 2 łyżeczki świeżego czosnku; mielony
- 3 łyżki oleju kukurydzianego
- 4 szklanki; woda
- 2 ¼ szklanki jasnego mleka sojowego
- 2 łyżki bulionu warzywnego w proszku
- 1 szklanka błyskawicznych płatków ziemniaczanych

INSTRUKCJE:
a) W średnim rondlu podsmaż na oliwie na średnim ogniu ziemniaki, cebulę, marchewkę, paprykę, koperek i czosnek przez 6 minut.
b) Dodać wodę, mleko sojowe i bulion w proszku.
c) Powoli dodawaj płatki ziemniaczane, ciągle ubijając, aby zapewnić równomierne rozprowadzenie.
d) Zmniejsz ogień do niskiego poziomu i gotuj, mieszając od czasu do czasu, aż ziemniaki zostaną ugotowane, a mieszanina będzie gorąca, około 15 minut.

61. Zupa Z Rzepy I Bekonu

SKŁADNIKI:
- ¼ funta Smukły boczek, bez skórki
- ¼ funta posiekanej cebuli
- ¼ funta posiekanych ziemniaków
- ¾ funta posiekanej rzepy
- 2 litry zapasów
- 1 x tłuszcz do smażenia

INSTRUKCJE:
a) Kroimy i podsmażamy boczek i cebulę.
b) Dodać ziemniaki, rzepę i bulion.
c) Gotuj delikatnie, aż warzywa będą miękkie.
d) Dostosuj przyprawy i podawaj.

DESER

62. Szewc ze Czarnego Lasu

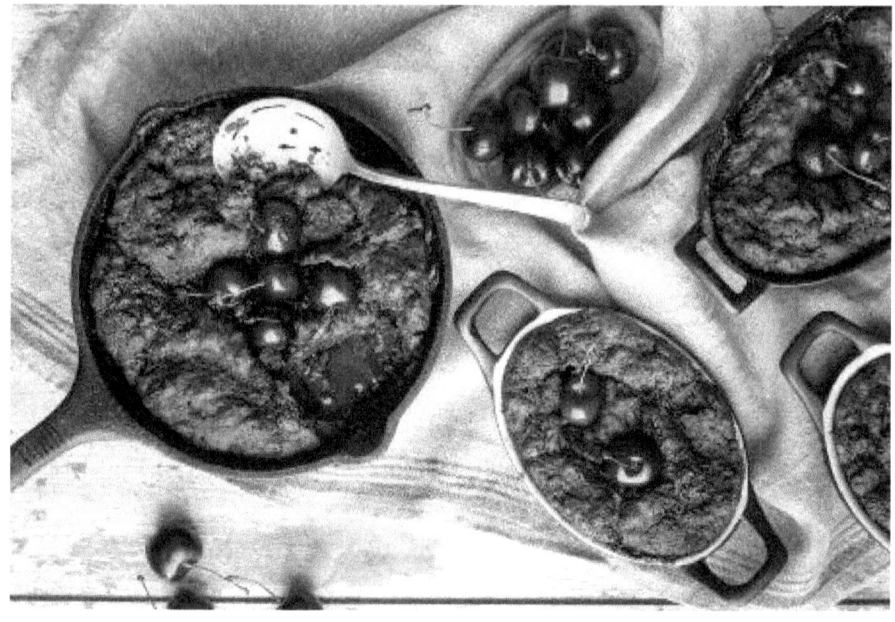

SKŁADNIKI:
- ½ szklanki) cukru
- 1 łyżka skrobi kukurydzianej
- 7 szklanek pestek czerwonych wiśni (około 2 funtów)
- ¼ łyżeczki ekstraktu migdałowego
- ¾ szklanki mąki uniwersalnej
- ¼ szklanki kakao do pieczenia
- 1 łyżka cukru
- 1 ½ łyżeczki proszku do pieczenia
- ½ łyżeczki soli
- 3 łyżki masła lub margaryny
- ½ szklanki mleka
- W razie potrzeby krem lub lody

INSTRUKCJE:
a) Rozgrzej piekarnik do 400°F. Wymieszaj ½ szklanki cukru i skrobi kukurydzianej w 2-litrowym rondlu. Wmieszać wiśnie. Gotuj na średnim ogniu, ciągle mieszając, aż mieszanina zgęstnieje i zagotuje się. Zagotuj i mieszaj przez 1 minutę. Wymieszać z ekstraktem migdałowym. Wlać do nienatłuszczonej zapiekanki o pojemności 2 litrów; trzymać ciepło w piekarniku.

b) W małej misce wymieszaj mąkę, kakao, 1 łyżkę cukru, proszek do pieczenia i sól. Posiekaj masło za pomocą blendera do ciasta lub krzyżując 2 noże, aż mieszanina będzie wyglądać jak drobne okruchy. Wymieszaj mleko. Na gorącą masę owocową nakładać 6 łyżek ciasta.

c) Piec bez przykrycia przez 25 do 30 minut lub do momentu, aż polewa się stwardnieje. Podawać na ciepło ze śmietaną. Podstawienie

63. Czipsy jabłkowe

SKŁADNIKI:
- 6 szklanek pokrojonych i obranych jabłek (np. Granny Smith)
- 2 łyżki granulatu kawy rozpuszczalnej
- ½ szklanki granulowanego cukru
- 1 łyżeczka mielonego cynamonu
- ½ łyżeczki mielonej gałki muszkatołowej
- 1 szklanka płatków owsianych typu old fashioned
- ½ szklanki mąki uniwersalnej
- ½ szklanki brązowego cukru pudru
- ½ szklanki niesolonego masła, zimnego i pokrojonego w kostkę

INSTRUKCJE:
a) Rozgrzej piekarnik do 175°C i natłuść naczynie do pieczenia o wymiarach 9 x 13 cali.
b) Granulat kawy rozpuszczalnej rozpuszczamy w 2 łyżkach gorącej wody i odstawiamy.
c) W dużej misce połącz pokrojone jabłka i rozpuszczoną mieszankę kawową. Wrzucić do płaszcza.
d) W osobnej misce wymieszaj granulowany cukier, mielony cynamon i mieloną gałkę muszkatołową. Posyp tę mieszaniną jabłka i wymieszaj.
e) Przełóż masę jabłkową do przygotowanego naczynia do pieczenia.
f) W misce wymieszaj tradycyjne płatki owsiane, mąkę uniwersalną, brązowy cukier i zimne masło pokrojone w kostkę. Mieszaj, aż powstanie kruszonka.
g) Posyp jabłka równomiernie mieszanką owsianą.
h) Piecz przez 40-45 minut lub do momentu, aż polewa będzie złocistobrązowa, a jabłka miękkie.
i) Przed podaniem pozwól mu lekko ostygnąć. Ciesz się chrupiącym jabłkowym cappuccino!

64. Mieszany Szewc Jagodowy Z Ciastkami Cukrowymi

SKŁADNIKI:
- Olej roślinny do smarowania
- 2 szklanki świeżych truskawek, pokrojonych w plasterki
- 2 szklanki świeżych jeżyn
- 2 szklanki świeżych jagód
- 1 szklanka granulowanego cukru
- ¾ szklanki wody
- 2 łyżki niesolonego masła
- 1 łyżka ekstraktu waniliowego
- 3 łyżki skrobi kukurydzianej

NA polewę biszkoptową:
- 2 filiżanki mąki uniwersalnej
- ¼ szklanki granulowanego cukru
- 3 łyżki proszku do pieczenia
- ½ łyżeczki soli koszernej
- ¾ szklanki maślanki
- 5 łyżek zimnego, niesolonego masła, posiekanego
- 2 łyżeczki ekstraktu waniliowego
- 2 łyżki roztopionego, niesolonego masła
- 2 łyżki grubego cukru

INSTRUKCJE:

a) Rozgrzej piekarnik do 375 stopni F. Lekko nasmaruj naczynie do pieczenia o wymiarach 9 na 13 cali.

b) W dużym garnku ustawionym na średnim ogniu połącz jagody z cukrem, wodą, masłem i wanilią. Gdy zaczną tworzyć się bąbelki, odlej z garnka około ¼ szklanki płynu.

c) W małej misce połącz ¼ szklanki gorącego płynu ze skrobią kukurydzianą i mieszaj, aż nie będzie grudek. Wlać mieszaninę skrobi kukurydzianej z powrotem do garnka z jagodami i wymieszać. Gotuj, aż wszystko zgęstnieje, a następnie wlej masę owocową do naczynia do pieczenia. Odłożyć na bok.

d) Na polewę biszkoptową, w dużej misce wymieszaj mąkę, cukier, proszek do pieczenia i sól. Ubijaj, aż dobrze się połączą. Dodajemy maślankę, posiekane masło i wanilię. Wymieszać składniki. Wyjmij masę ciasteczkową i połóż ją na nadzieniu jagodowym.

e) Posmaruj ciasteczka roztopionym masłem, a następnie posyp gruboziarnistym cukrem. Piec w piekarniku bez przykrycia przez 30 do 35 minut. Wyjąć z piekarnika, ostudzić. Podawać z lodami lub bez.

65. Mini ciasto cytrynowe z polewą cytrynową

SKŁADNIKI:
- 2 jajka
- 100 g (około 3,5 uncji) masła, miękkiego
- 100 g (około 3,5 uncji) cukru pudru
- 100 g (około 3,5 uncji) mąki samorosnącej
- Skórka z 1 cytryny
- Sok z 1 cytryny
- 50 g (około 1,75 uncji) granulowanego cukru

INSTRUKCJE:

a) Rozgrzej piekarnik do 180°C (350°F). Natłuść i wyłóż formę na mini babeczki lub tortownicę.

b) W misie miksującej ubić masło z cukrem pudrem na kremową masę. Dodawać po jednym jajku, dobrze miksując po każdym dodaniu.

c) Przesiać samorosnącą mąkę i dodać skórkę z cytryny. Mieszaj, aż dobrze się połączą.

d) Łyżką wyłóż ciasto do tortownicy i piecz przez około 12-15 minut lub do momentu, aż ciastka będą złociste.

e) Podczas gdy ciasta się pieczą, wymieszaj sok z cytryny i cukier granulowany, aby zrobić mżawkę.

f) Zaraz po wyjęciu ciastek z piekarnika nakłuj je widelcem lub wykałaczką i posyp je mieszanką cytrynowo-cukrową.

g) Przed podaniem pozwól ciastkom ostygnąć.

66. Herbatniki Rubinowo-Teatrowe

SKŁADNIKI:
- 2 szklanki mąki uniwersalnej, przesianej
- 2 łyżki cukru
- 4 łyżeczki proszku do pieczenia
- ½ łyżeczki soli
- ½ szklanki tłuszczu warzywnego
- ¾ szklanki mleka
- Dodatkowa mąka na deskę
- Czerwony dżem do centrów

INSTRUKCJE:

a) Rozgrzej piekarnik do 425 stopni Fahrenheita i umieść stojak piekarnika na środku.

b) W dużej misce wymieszaj 2 szklanki przesianej mąki, cukier, proszek do pieczenia i sól. Suche składniki dokładnie wymieszaj widelcem.

c) Używając foremki do ciasta lub dwóch noży, dodaj tłuszcz warzywny do suchej mieszanki, aż będzie przypominał grubą bułkę tartą.

d) Wlać mleko i delikatnie wymieszać widelcem z mąką, aż uformuje się miękka kula ciasta.

e) Ciasto wyłożyć na blat posypany mąką i zagnieść oprószonymi mąką rękami około 12 razy.

f) Za pomocą wałka oprószonego mąką rozwałkuj ciasto na grubość ¼ cala.

g) Za pomocą 2-calowej foremki do ciastek wycinaj w cieście kółka. Pamiętaj, aby przyciąć je prosto w dół, bez skręcania noża. Umieść kółka na blasze do pieczenia, zachowując odstępy około 1 cala.

h) Weź 1-calową foremkę do ciastek i wytnij otwór w środku pozostałych okręgów, tworząc pierścienie. Ostrożnie usuń środki za pomocą szpatułki i odłóż je na bok.

i) Połóż pierścienie na dużych krążkach ciasta, które już znajdują się na blasze.

j) Włóż ½ łyżeczki dżemu lub galaretki do środka każdego ciasteczka.

k) Piec w temperaturze 425 stopni Fahrenheita przez 12 do 15 minut lub do momentu, aż ciastka będą puszyste i złote.

l) Natychmiast usuń herbatniki z blachy za pomocą metalowej szpatułki.

m) Piec małe kółka (środki ciastek) przez 11 do 12 minut, tworząc dodatkowe małe ciasteczka, które można podawać obok innych.

67. kruche ciasteczka

SKŁADNIKI:
- 1 szklanka (2 paluszki) niesolonego masła, zmiękczonego
- ½ szklanki granulowanego cukru
- 2 filiżanki mąki uniwersalnej
- ¼ łyżeczki soli
- 1 łyżeczka ekstraktu waniliowego

INSTRUKCJE:

a) Rozgrzej piekarnik do 160°C (325°F). Blachę do pieczenia wyłóż papierem pergaminowym.

b) W misce miksującej utrzyj miękkie masło z cukrem na jasną i puszystą masę.

c) Dodaj ekstrakt waniliowy i mieszaj, aż składniki się połączą.

d) Stopniowo dodawaj mąkę i sól, mieszaj, aż powstanie ciasto.

e) Rozwałkuj ciasto na lekko posypanej mąką powierzchni na grubość około ¼ cala.

f) Za pomocą foremek do ciastek wytnij pożądane kształty i ułóż je na przygotowanej blasze.

g) Piec w nagrzanym piekarniku przez 12-15 minut lub do momentu, aż krawędzie będą lekko złociste.

h) Pozwól ciasteczkom ostygnąć na drucianej kratce.

68. Truskawkowy Eton Bałagan

SKŁADNIKI:
- 4 gniazda bezowe, rozgniecione
- 2 szklanki świeżych truskawek, obranych i pokrojonych w plasterki
- 1 szklanka gęstej śmietanki
- 2 łyżki cukru pudru

INSTRUKCJE:

a) W misce miksującej ubić gęstą śmietanę z cukrem pudrem, aż powstanie miękka piana.

b) Delikatnie wymieszaj z pokruszonymi gniazdami bezowymi i pokrojonymi truskawkami.

c) Wlać mieszaninę do szklanek lub misek.

d) Opcjonalnie: Udekoruj dodatkowymi plasterkami truskawek lub listkami mięty.

e) Podawaj natychmiast i ciesz się smakiem!

69. Posset z marakui

SKŁADNIKI:

- 300 ml Podwójny krem
- 75 gramów cukru pudru
- 1 Cytryna
- 2 Marakuja
- Czekolada; ciastka, do podania

INSTRUKCJE:

a) Śmietankę i cukier umieścić w rondelku i doprowadzić do wrzenia, mieszając, aż cukier się rozpuści.

b) Zetrzeć skórkę z cytryny i wymieszać z sokiem na patelni.

c) Mieszaj przez około minutę, aż mieszanina zgęstnieje, a następnie zdejmij z ognia.

d) Marakuję przekrój na pół, wydrąż nasiona i miąższ przełóż do posset. Dobrze wymieszaj i wlej do dwóch kieliszków do wina na nóżkach.

e) Ostudzić, a następnie schłodzić, aż zastygnie.

70. Klasyczne ciasto Banoffee

SKŁADNIKI:
DO SKORUPY:
- 1 1/2 szklanki okruchów krakersów graham
- 1/2 szklanki niesolonego masła, roztopionego

DO WYPEŁNIENIA:
- 2 (14-uncjowe) puszki słodzonego skondensowanego mleka (do dulce de leche)
- 3 duże dojrzałe banany, pokrojone w plasterki
- 2 szklanki bitej śmietany
- Wiórki czekoladowe (opcjonalnie)

INSTRUKCJE:
a) Aby przygotować dulce de leche, włóż nieotwarte puszki słodzonego skondensowanego mleka do dużego garnka z gotującą się wodą na około 3 godziny. Pamiętaj, aby puszki były przez cały czas całkowicie zanurzone w wodzie. Przed otwarciem należy pozwolić im całkowicie ostygnąć.
b) W misce wymieszaj okruchy krakersa graham i roztopione masło. Wciśnij tę mieszaninę na dno naczynia do pieczenia, aby utworzyć skórkę.
c) Na cieście posmaruj schłodzonym dulce de leche.
d) Na dulce de leche ułóż pokrojone banany.
e) Banany posmaruj bitą śmietaną.
f) W razie potrzeby udekoruj wiórkami czekolady.
g) Przed podaniem ciasto należy schłodzić w lodówce przez kilka godzin.

71.Sernik Banoffee

SKŁADNIKI:

DO SKORUPY:
- 1 1/2 szklanki okruchów krakersów graham
- 1/2 szklanki niesolonego masła, roztopionego

DO WYPEŁNIENIA:
- 16 uncji serka śmietankowego, zmiękczonego
- 1/2 szklanki cukru
- 1 łyżeczka ekstraktu waniliowego
- 2 dojrzałe banany, rozgniecione
- 1/4 szklanki dulce de leche
- 2 duże jajka

NA polewę:
- 2 dojrzałe banany, pokrojone w plasterki
- Bita śmietana
- Mżawka Dulce de leche
- Tarta czekolada (opcjonalnie)

INSTRUKCJE:

a) Wymieszaj okruchy krakersów graham i roztopione masło, a następnie wciśnij je na dno tortownicy, aby utworzyć skórkę.

b) W dużej misce ubić serek śmietankowy na gładką masę. Dodaj cukier, wanilię, puree bananowe, dulce de leche i jajka i ubijaj, aż składniki się dobrze połączą.

c) Na spód wylewamy nadzienie sernikowe.

d) Piec w temperaturze 160°C przez około 45-50 minut lub do momentu, aż ciasto się zetnie. Pozwól mu ostygnąć i schłodź.

e) Przed podaniem jako polewę dodaj plasterki banana, bitą śmietanę, odrobinę dulce de leche i startą czekoladę.

72.Angielski żółty człowiek

SKŁADNIKI:
- 1 uncja masła
- 8 uncji brązowego cukru
- 1 funt złotego syropu
- 1 łyżka deserowa wody
- 1 łyżeczka octu
- 1 łyżeczka sody oczyszczonej

INSTRUKCJE:
a) W rondelku roztapiamy masło, następnie dodajemy cukier, golden syrop, wodę i ocet.
b) Mieszaj, aż wszystkie składniki się rozpuszczą.
c) Domieszać sodę oczyszczoną, gdy mieszanina się spieni, wylać na natłuszczoną żaroodporną blachę, doprawiając brzegi szpachelką.
d) Gdy ostygnie na tyle, że będzie można go wziąć do ręki, pociągnij nasmarowanymi masłem rękami, aż uzyska blady kolor.
e) Gdy całkowicie stwardnieje, połam na szorstkie kawałki i teraz Twój Żółty Człowiek jest gotowy do spożycia.

73. Pudding Krówkowy Z Orzechami Laskowymi I Kremem Frangelico

SKŁADNIKI:
- 150 g (5 uncji/1 1/4 sztyftu) niesolonego masła plus dodatkowa ilość do natłuszczenia
- 150 g (5 uncji) dobrej jakości czekolady (ja używam 52% kakao)
- 1 łyżeczka ekstraktu waniliowego
- 150 ml (5 uncji/duża 1/2 szklanki) ciepłej wody
- 100 g (3 1/2 uncji/niepełne 1/2 szklanki) cukru pudru
- 4 organiczne jaja z wolnego wybiegu
- 25 g (1 uncja/1/5 szklanki) mąki samorosnącej
- cukier puder, posypać
- 225 ml (8 uncji/1 filiżanka) delikatnie ubitej śmietany lub crème fraiche zmieszanej z 1 łyżką stołową (1 łyżka amerykańska + 1 łyżeczka) likieru z orzechów laskowych Frangelico
- kilka prażonych orzechów laskowych, grubo posiekanych

INSTRUKCJE:
a) Rozgrzej piekarnik do 200°C/400°F/Gas Mark 6 i natłuść 1,2-litrowe naczynie na ciasto odrobiną masła.
b) Czekoladę posiekaj na małe kawałki i rozpuść z masłem w misce Pyrex ustawionej nad garnkiem z gorącą, ale nie gotującą się wodą. Gdy czekolada się rozpuści, zdejmij miskę z ognia i dodaj ekstrakt waniliowy. Dodajemy ciepłą wodę i cukier i miksujemy na gładką masę.
c) Rozdzielamy jajka i żółtka łączymy z masą czekoladową. Następnie dodać przesianą mąkę, uważając, aby nie było grudek.
d) W osobnej misce ubić białka na sztywną pianę, a następnie delikatnie wymieszać je z masą czekoladową. Wlać masę czekoladową do wysmarowanego masłem naczynia.
e) Włóż naczynie do bemaru i zalej wrzącą wodą tak, aby sięgała do połowy wysokości naczynia. Piec przez 10 minut. Następnie zmniejsz temperaturę do 160°C\325°F\Gas Mark 3 na kolejne 15–20 minut lub do czasu, aż budyń będzie twardy na wierzchu, ale nadal miękki i puszysty pod spodem oraz pikantny u podstawy.
f) Odstawić do lekkiego ostygnięcia, a następnie posypać cukrem pudrem. Podawać na ciepło lub na zimno posypane prażonymi orzechami laskowymi z kremem Frangelico lub crème fraîche.

74. Pieczony rabarbar

SKŁADNIKI:

- 1 kg (2 1/4 funta) czerwonego rabarbaru
- 200–250 g (7–9 uncji) granulowanego cukru
- 2-3 łyżeczki świeżo posiekanych ziół
- do podania lody, labneh lub gęsty krem Jersey

INSTRUKCJE:

a) W razie potrzeby odetnij łodygi rabarbaru. Rabarbar pokroić na kawałki o wielkości 2,5 cm i ułożyć w jednej warstwie w niereaktywnym naczyniu żaroodpornym o wymiarach 45 x 30 cm (18 x 12 cali). Posyp rabarbar cukrem i pozostaw do maceracji na 1 godzinę lub dłużej, aż zacznie płynąć sok.

b) Rozgrzej piekarnik do 200°C/gaz Mark 6.

c) Rabarbar przykryj arkuszem pergaminu i piecz w piekarniku przez 10–20 minut, w zależności od grubości łodyg, aż rabarbar będzie miękki. Uważaj na rabarbar, ponieważ może bardzo szybko się rozpaść

d) Podawać na gorąco lub na zimno z lodami, labneh lub gęstym kremem Jersey.

75.Pudding z mchu karagenowego

SKŁADNIKI:
- 3 łyżki świeżej karagenu
- 4 szklanki mleka
- 2 żółtka
- 2 łyżki miodu plus dodatkowa porcja do podania
- pyłek pszczeli, do podania (opcjonalnie)

INSTRUKCJE:
a) Umyj karagen, jeśli używasz świeżej lub nawodnij, jeśli używasz suszonej, zgodnie z instrukcjami na opakowaniu. Podgrzej mleko z karagenem w średnim rondlu na średnio-małym ogniu.
b) W małej misce ubić żółtka z miodem, następnie wlać masę jajeczną do mleka i mieszać przez około 10 minut, aż zgęstnieje.
c) Przelać do foremek lub misek i wstawić do lodówki na kilka godzin, aż masa stwardnieje.
d) Przed podaniem skrop odrobiną miodu i posyp pyłkiem pszczelim, jeśli go używasz.

76.Chleb z budyniem maślanym

SKŁADNIKI:
- 1 ¾ łyżki mleka
- 250 ml/8 uncji (1 szklanka) podwójnej (ciężkiej) śmietany
- 1 łyżeczka mielonego cynamonu
- świeżo starta gałka muszkatołowa, do smaku
- 3 jajka
- 75 g/2. uncja (0,/ filiżanki) drobnego (drobnego) cukru
- 50 g (4 łyżki) masła plus trochę do natłuszczenia
- 10 kromek miękkiego białego chleba
- 75 g/2. oz (filiżanka) sułtanki (złote rodzynki)
- cukier puder (cukierniczy), do posypania

INSTRUKCJE:
a) Natłuszczamy naczynie żaroodporne.
b) Do małego rondelka postaw na średnim ogniu mleko i śmietankę, dodaj cynamon i gałkę muszkatołową. Doprowadzić do wrzenia, następnie zdjąć z ognia.
c) W misie miksera ubić jajka z cukrem i wylać powstałą mieszaninę na śmietanę. Mieszaj do połączenia.
d) Chleb posmaruj masłem z obu stron i ułóż kromki w przygotowanym naczyniu, warstwami z rodzynkami (złotymi rodzynkami). Kremem polej chleb i odstaw na 30 minut.
e) Rozgrzej piekarnik do 180°C/350°F/gaz Mark 4.
f) Piec budyń w nagrzanym piekarniku przez 25 minut, aż uzyska złoty kolor, a krem stwardnieje. Przed podaniem posypujemy odrobiną cukru pudru (cukierniczego).

77.Spalone Pomarańcze

SKŁADNIKI:
- 4 Duże pomarańcze
- 150 mililitrów Wino białe słodkie
- 1 łyżka masła
- 8 łyżek cukru
- 300 mililitrów Świeżo wyciśnięty sok pomarańczowy
- 2 łyżki whisky (podgrzanej)

INSTRUKCJE:
a) Ostrożnie i cienko obierz pomarańcze. Następnie ostrym nożem usuń jak najwięcej rdzenia i białej skórki, zachowując pomarańcze nienaruszone. Cienką skórkę pokroić w cienkie paski i zalać winem.
b) Pomarańcze włożyć do naczynia żaroodpornego. Na wierzch każdego połóż odrobinę masła, delikatnie je dociśnij, a następnie posyp każdy łyżeczką cukru. Wstaw do piekarnika nagrzanego na 400 F na 10 minut lub do momentu, aż cukier się skarmelizuje.
c) W międzyczasie w rondlu wymieszaj sok pomarańczowy z cukrem i zagotuj. Zmniejsz ogień i pozwól mu uzyskać syrop, nie mieszając. Dodaj mieszaninę skórki pomarańczowej i wina, ponownie zagotuj, a następnie szybko gotuj, aby zredukować i lekko zgęstnieć.
d) Wyjmij pomarańcze z piekarnika i jeśli nie są całkowicie rumiane, włóż je do umiarkowanego grilla na kilka minut. Zalewamy je podgrzaną whisky i podpalamy na ogniu. Gdy płomienie zgasną, dodaj syrop pomarańczowy i gotuj na wolnym ogniu przez około 2 minuty. Podawać od razu; lub można podawać na zimno.

78. Angielskie ciasto z kremem

SKŁADNIKI:
- 1 mieszanka żółtego ciasta
- 4 jajka
- ½ szklanki zimnej wody
- ½ szklanki angielskiego likieru śmietankowego
- 1 opakowanie Natychmiastowej Mieszanki Budyniowej Waniliowej
- ½ szklanki oleju
- 1 szklanka posiekanych prażonych orzechów pekan

GLAZURA
- 2 uncje masła
- ½ szklanki) cukru
- ⅛ szklanki wody
- ¼ szklanki kremu angielskiego Bailey's

INSTRUKCJE:
a) Połącz wszystkie składniki oprócz orzechów, ubijaj, aż dobrze się wymieszają, dodaj orzechy.
b) Wlać do natłuszczonej i posypanej mąką formy o pojemności 12 filiżanek i piec w temperaturze 325 F przez 1 godzinę lub do momentu wykonania testu.
c) Gotuj ciasto 15 minut i wyłóż na kratkę. Składniki glazury podgrzewamy do rozpuszczenia. Nakłuj ciasto widelcem do mięsa i posmaruj ciepłe ciasto ½ mieszaniny glazury.
d) Gdy ciasto się upiecze, posmaruj je pozostałą mieszaniną glazury.

79. Smalec z dorsza

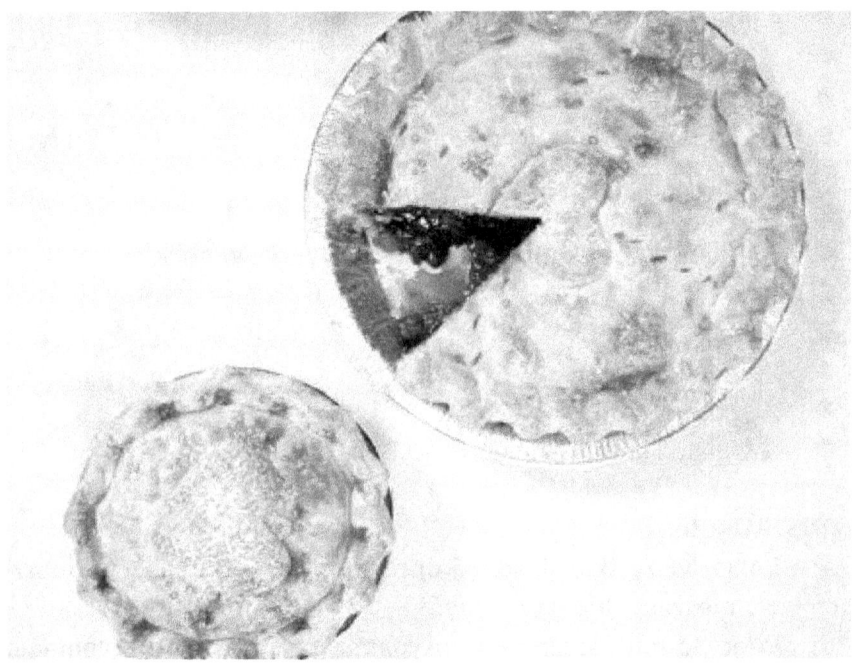

SKŁADNIKI:
- 1,5 funta filetów z dorsza bez skóry
- 2 uncje masła
- 2 uncje mąki
- ½ litra mleka
- 3 ½ uncji tartego sera
- 2 uncje tartego sera (na bułeczki)
- 2 uncje masła (do bułeczek)
- 1 łyżeczka proszku do pieczenia (do scones)
- 1 szczypta soli (do scones)
- 1 jajko (na scones)

INSTRUKCJE:
a) Filety z dorsza ułożyć na dnie okrągłego naczynia żaroodpornego. Przygotuj sos serowy z 2 uncji masła i mąki, ½ l mleka i 3 ½ uncji startego sera: polej rybę. Następnie przygotuj ciasto na scone, wcieraj 2 uncje masła w 8 mąki, 1 łyżeczkę proszku do pieczenia i szczyptę soli.
b) Dodaj 2 uncje startego sera, najlepiej dojrzałego Cheddara lub jego mieszanki i parmezanu.
c) Do powstałej masy włóż 1 żółtko i dodaj tyle mleka, aby powstało elastyczne ciasto. Rozwałkuj na grubość ½ cala i pokrój małe krążki za pomocą foremki do scones.
d) Ułóż te krążki na wierzchu sosu, tak aby prawie zakrywały jego powierzchnię; posmaruj je odrobiną mleka, posyp odrobiną startego sera i piecz w nagrzanym piekarniku (450 F) przez 25-30 minut, aż bułeczki staną się złotobrązowe.

80.Glazurowane angielskie ciasto herbaciane

SKŁADNIKI:
- ¾ szklanki niesolonego masła o temperaturze pokojowej
- 1 szklanka cukru
- 2 łyżeczki wanilii
- 2 jajka
- 3 uncje serka śmietankowego
- ½ szklanki cukru pudru, przesianego o temperaturze pokojowej
- 1 ¾ szklanki mąki tortowej
- 1¼ łyżeczki proszku do pieczenia
- ¼ łyżeczki soli
- 1 szklanka suszonych porzeczek
- ⅔ szklanki maślanki
- 2 łyżeczki świeżego soku z cytryny

INSTRUKCJE:

a) ROZGRZEJ PIEKARNIK DO 325 F, z półką pośrodku piekarnika. Obficie natłuść formę do pieczenia chleba o średnicy 9 cali (pojemność na 7 filiżanek). Posyp mąką; dotknij patelnią nad zlewem, aby wyrzucić nadmiar mąki. Wytnij kawałek papieru pergaminowego lub woskowanego, aby dopasować go do dna formy. Odłożyć na bok.

b) NA CIASTO: Za pomocą miksera utrzyj masło, cukier i wanilię na puszystą masę. Dodawaj jajka, po 1 na raz, ubijając każde, aż masa będzie puszysta. Dodaj serek śmietankowy. Mieszaj, aż dobrze się połączą. Mąkę, proszek do pieczenia i sól przesiać razem. Porzeczki włóż do małej miski. Dodaj ¼ szklanki mieszanki mącznej do porzeczek. Mieszaj porzeczki, aż zostaną dobrze pokryte.

c) Do ciasta dodawaj pozostałą mąkę na zmianę z maślanką. Mieszaj, aż będzie gładkie. Drewnianą łyżką wymieszaj porzeczki i całą mąkę.

d) Mieszaj, aż dobrze się połączą. Ciasto przełożyć do przygotowanej formy. Gładka powierzchnia za pomocą szpatułki. Piec, aż dobrze się zarumieni, a wykałaczka włożona w środek będzie czysta, około 1 godziny i 25 minut.

e) Ciasto pęknie na wierzchu. Pozostaw ciasto w formie na 10 minut. Użyj elastycznej metalowej szpatułki, aby oddzielić ciasto od boków patelni.

f) Ostrożnie wyjmij ciasto z formy na kratkę do studzenia. Na ciepłym cieście rozsmaruj polewę. Niech ciasto całkowicie ostygnie. Ciasto można przechowywać 3 dni w temperaturze pokojowej, w folii.

g) Ciasto można również zamrozić do 3 miesięcy, szczelnie zawinięte.

h) DO glazury, w małej misce połącz cukier i sok z cytryny. Mieszaj, aż będzie gładkie.

81. Angielskie ciasto czekoladowe

SKŁADNIKI:
- 1 jajko
- ½ szklanki kakao
- 1 szklanka cukru
- ½ szklanki oleju
- 1 ½ szklanki mąki
- 1 łyżeczka sody
- ½ szklanki mleka
- ½ szklanki gorącej wody
- 1 łyżeczka wanilii
- ¼ łyżeczki soli
- 1 Włóż masło
- 3 łyżki kakao
- ⅓ szklanki Coca Coli
- 1 funt cukru pudru
- 1 szklanka posiekanych orzechów

INSTRUKCJE:

a) Połączyć cukier i kakao, dodać olej i jajko, dobrze wymieszać. Sól i mąkę połączyć, dodawać na zmianę z płynnymi masami, dobrze wymieszać. Dodaj wanilię.

b) Piec w formie warstwowej lub blasze do pieczenia w temperaturze 350 stopni przez 30-40 minut.

c) LUK: Połącz masło, colę i kakao w rondlu. Podgrzać do wrzenia, zdjąć z palnika, dodać cukier i orzechy i dobrze ubić. Rozsmarować na cieście.

82. Angielski tort kawowy

SKŁADNIKI:

- 2 szklanki niesolonego masła
- 1 szklanka cukru
- ¾ filiżanki Mocnej, gorącej kawy
- ¼ szklanki angielskiego likieru śmietankowego
- 16 uncji Półsłodka ciemna czekolada
- 6 jaj; temperatura pokojowa
- 6 Żółtka jaj; temperatura pokojowa

INSTRUKCJE:

a) Ustaw stojak na środku piekarnika i rozgrzej do 325F. Obficie posmaruj masłem tortownicę o średnicy 8 cali i wyłóż jej dno pergaminem lub woskowanym papierem. Posmaruj masłem i mąką papier.
b) Rozpuść masło z cukrem, kawą i alkoholem w ciężkim 3-litrowym rondlu na średnim ogniu, mieszając, aż cukier się rozpuści. Dodaj czekoladę i mieszaj, aż masa będzie gładka. Zdjąć z ognia.
c) Za pomocą miksera elektrycznego ubij jajka i żółtka w dużej misce, aż potroją swoją objętość i po podniesieniu uformuj wstążki. Wmieszać do masy czekoladowej.
d) Wlać ciasto do przygotowanej formy. Połóż patelnię na ciężkiej blasze do pieczenia.
e) Piec, aż brzegi lekko się napęczniełą i popękają, ale środek nie będzie całkowicie stwardniały (około 1 godz.). Nie przegrzewaj (ciasto stwardnieje po ostygnięciu). Przełożyć na kratkę i ostudzić. Przykryj i wstaw do lodówki na noc.
f) Przesuń małym, ostrym nożem po bokach tortownicy, aby poluzować. Ostrożnie zwolnij boki. Ułożyć na talerzu i podawać w małych porcjach.

83.Angielski kremowy mrożony jogurt

SKŁADNIKI:
- 2 łyżki wody
- 1 łyżeczka niesmakowanej żelatyny
- 3 uncje Półsłodka czekolada, grubo posiekana
- ¾ szklanki mleka o niskiej zawartości tłuszczu
- ¼ szklanki jasnego syropu kukurydzianego
- ¼ szklanki) cukru
- 3 łyżki likieru Bailey's English Cream
- 1 szklanka zwykłego jogurtu o niskiej zawartości tłuszczu, wymieszanego
- 1 Białko jaja
- ⅓ szklanki wody
- ⅓ szklanki odtłuszczonego mleka w proszku

INSTRUKCJE:
a) W małym rondlu wymieszaj 2 łyżki wody i żelatyny: odstaw na 1 minutę. Mieszaj na małym ogniu, aż żelatyna się rozpuści; odłożyć na bok. W rondelku medycznym połącz czekoladę, mleko, syrop kukurydziany i cukier.
b) Gotuj i mieszaj na małym ogniu, aż mieszanina będzie gładka. Wymieszaj rozpuszczoną mieszaninę żelatyny; Fajny. Dodaj śmietankę angielską i jogurt.
c) Białka ubić z ⅓ szklanki wody i odtłuszczonego mleka w proszku na sztywną, ale nie suchą masę. Wlać do masy jogurtowej. Zamrozić w maszynce do lodów zgodnie z instrukcją producenta; lub postępuj zgodnie z wcześniej opublikowanymi instrukcjami dotyczącymi lodówki i zamrażarki.
d) Odrobina English Cream łączy się z czekoladą, tworząc przepyszną zmianę tempa.

84. Angielskie kremowe ciasto dyniowe

SKŁADNIKI:
- 1 9-calowy spód ciasta (własny lub mrożony)
- 1 Jajko, lekko ubite
- 1 szklanka dyni
- ⅔ szklanki cukru
- 1 łyżeczka mielonego cynamonu
- 1 łyżeczka wanilii
- ¾ szklanki skondensowanego mleka
- 8 uncji serka śmietankowego w temp. pokojowej
- ¼ szklanki) cukru
- 1 jajko
- 1 łyżeczka wanilii
- 1 łyżka Baileys English Creme

INSTRUKCJE:
a) Rozgrzej piekarnik do 400D.
b) Aby przygotować nadzienie dyniowe, połącz wszystkie składniki, aż będą dobrze wymieszane i gładkie.
c) Odłożyć na bok. Aby przygotować nadzienie kremowe, utrzyj ser i cukier na gładką masę.
d) Dodaj jajko i ubijaj, aż dobrze się połączy. Dodać wanilię i krem angielski, zmiksować na gładką masę.
e) Przygotowanie: Wlać połowę masy dyniowej do formy. Nałóż połowę kremowej mieszanki na dynię. Powtórzyć z pozostałym nadzieniem.
f) Delikatnie poruszaj nożem, aby uzyskać efekt marmuru. Piec w temperaturze 400 stopni przez 30 minut.
g) Zmniejsz temperaturę do 350 D i przykryj krawędzie skórki, jeśli zbyt szybko się rumieni.
h) Piec kolejne 30 minut. Ciasto powinno być puszyste w środku i może mieć jedno lub dwa pęknięcia na górze.
i) Wyjmij z piekarnika i całkowicie ostudź. Można go schłodzić i posmarować bitą śmietaną na wierzchu.

NAPOJE

85. Puchar Pimma

SKŁADNIKI:
- 2 uncje Pimm's nr 1
- 4 uncje lemoniady
- Plasterki ogórka
- Plasterki truskawek
- Liście mięty
- Kostki lodu

INSTRUKCJE:
a) Napełnij szklankę kostkami lodu.
b) Wlać Pimm's nr 1.
c) Dodać lemoniadę i delikatnie wymieszać.
d) Udekoruj plasterkami ogórka, plasterkami truskawek i listkami mięty.
e) Wymieszaj ponownie i delektuj się orzeźwiającym smakiem Pimm's Cup.

86. Fizz z kwiatem czarnego bzu

SKŁADNIKI:
- 2 uncje syropu z kwiatu czarnego bzu
- 4 uncje wody gazowanej
- Kostki lodu
- Twist cytrynowy (do dekoracji)

INSTRUKCJE:
a) Napełnij szklankę kostkami lodu.
b) Wlać nalewkę z kwiatu czarnego bzu.
c) Uzupełnij wodą gazowaną.
d) Mieszaj delikatnie do połączenia.
e) Udekoruj plasterkiem cytryny.

87.Gin z tonikiem z niespodzianką

SKŁADNIKI:
- 2 uncje ginu
- 4 uncje toniku
- jagody jałowca
- Skórka pomarańczowa (do dekoracji)
- Kostki lodu

INSTRUKCJE:
a) Napełnij szklankę kostkami lodu.
b) Wlać gin.
c) Dodać tonik i delikatnie wymieszać.
d) Udekoruj kilkoma jagodami jałowca i odrobiną skórki pomarańczowej.
e) Popijaj i ciesz się ulepszonym Ginem z Tonikiem.

88. Syrop z czarnej porzeczki

SKŁADNIKI:
- 2 uncje syropu z czarnej porzeczki
- 4 uncje wody sodowej
- Świeże czarne porzeczki (do dekoracji)
- Kostki lodu

INSTRUKCJE:
a) Napełnij szklankę kostkami lodu.
b) Wlać syrop z czarnej porzeczki.
c) Całość zalać wodą sodową i delikatnie wymieszać.
d) Udekoruj świeżymi czarnymi porzeczkami.
e) Ciesz się żywym i musującym Cordial Sparkler z czarnej porzeczki.

89.Earl Grey Martini

SKŁADNIKI:
- 2 uncje ginu
- 1 uncja herbaty Earl Grey (schłodzonej)
- 0,5 uncji prostego syropu
- Twist cytrynowy (do dekoracji)
- Kostki lodu

INSTRUKCJE:
a) Zaparz filiżankę herbaty Earl Grey i poczekaj, aż ostygnie.
b) Napełnij shaker kostkami lodu.
c) Do shakera dodaj gin, ostudzoną herbatę Earl Grey i syrop cukrowy.
d) Dobrze wstrząśnij i przelej do kieliszka do martini.
e) Udekoruj plasterkiem cytryny.

90.Angielska kawa

SKŁADNIKI:
- 1 ½ uncji Angielska whisky Bushmills Black Bush
- ½ uncji prosty syrop
- 2 kreski gorzkiego pomarańczy
- DEKORACJE: pomarańczowy akcent

INSTRUKCJE:
a) Zamieszać.
b) Przecedź do szklanek na świeżym lodzie. Udekoruj pomarańczowym akcentem.

91.Imbir Campbella

SKŁADNIKI:
- 1 ½ uncji Angielska whisky Bushmills Black Bush
- 4 uncje piwo imbirowe
- PRZYBIERANIE: klin limonkowy

INSTRUKCJE:

a) Dodaj Bushmills Black Bush English Whiskey do wypełnionej lodem szklanki Collins.

b) Dopełnij piwem imbirowym. Udekoruj cząstką limonki.

92. Klasyczna angielska kawa

SKŁADNIKI:
- ¼ szklanki schłodzonej śmietany do ubijania
- 3 łyżeczki cukru
- 1⅓ filiżanki gorącej, mocnej kawy
- 6 łyżek stołowych (3 uncje) angielskiej whisky

INSTRUKCJE:
a) Do średniej miski włóż śmietanę i 2 łyżeczki cukru. Ubijaj, aż śmietanka utrzyma twardą pianę. Krem przechowywać w lodówce do 30 minut.
b) Podgrzej 2 szklanki do kawy angielskiej (małe szklane kubki z uchwytami) lub żaroodporne szklanki na nóżce, wlewając do nich bardzo gorącą wodę. Szybko wysusz.
c) Do każdej ciepłej szklanki wsyp ½ łyżeczki cukru. Wlać gorącą kawę i wymieszać do rozpuszczenia cukru. Do każdego dodaj po 3 łyżki angielskiej whisky. Do każdej szklanki włóż schłodzoną śmietankę i podawaj.

93.Poncz kawowo-jajeczny

SKŁADNIKI:

- 2 litry chłodzonego ajerkoniaku
- ⅓ szklanki brązowego cukru; solidnie zapakowane
- 3 łyżki granulatu kawy rozpuszczalnej
- ½ łyżeczki cynamonu
- ½ łyżeczki gałki muszkatołowej
- 1 szklanka angielskiej whisky
- 1 litr lodów kawowych
- Słodzona bita śmietana
- Świeżo starta gałka muszkatołowa

INSTRUKCJE:

a) W dużej misce wymieszaj ajerkoniak, brązowy cukier, kawę rozpuszczalną i przyprawy; ubijaj na małych obrotach mikserem elektrycznym, aż cukier się rozpuści.
b) Schłodź 15 minut; mieszaj, aż granulki kawy się rozpuszczą i dodaj whisky.
c) Przykryj i schładzaj co najmniej 1 godzinę.
d) Wlać do miski ponczowej lub pojedynczych kubków, pozostawiając wystarczająco dużo miejsca na lody.
e) Łyżka do lodów.
f) Każdą porcję udekoruj według uznania bitą śmietaną i gałką muszkatołową.

94.Kawa Kahlua

SKŁADNIKI:
- 2 uncje. Kahlua lub likier kawowy
- 2 uncje. Angielska whisky
- 4 filiżanki gorącej kawy
- 1/4 szklanki ubitej śmietanki

INSTRUKCJE:
a) Wlej pół uncji likieru kawowego do każdej filiżanki.
b) Dodaj pół uncji angielskiej whisky do każdej filiżanki.
c) Wlać parującą, świeżo parzoną, gorącą kawę, wymieszać.
d) Na wierzch każdego z nich nałóż dwie czubate łyżki bitej śmietany.
e) Podawaj na gorąco, ale nie tak gorąco, aby poparzyć usta.

95.Angielskie cappuccino Bailey's

SKŁADNIKI:
- 3 uncje Krem angielski Bailey's
- 5 uncji Gorąca kawa -
- Polewa deserowa w puszkach
- 1 kreska gałki muszkatołowej

INSTRUKCJE:

a) Wlej Bailey's English Cream do kubka do kawy.

b) Napełnij gorącą czarną kawą. Całość posyp pojedynczą porcją polewy deserowej.

c) Posyp deserową odrobiną gałki muszkatołowej

96.Dobry stary angielski

SKŁADNIKI:
- 1,5 uncji angielskiego likieru śmietankowego
- 1,5 uncji angielskiej whisky
- 1 filiżanka gorącej parzonej kawy
- 1 łyżka bitej śmietany
- 1 szczypta gałki muszkatołowej

INSTRUKCJE:
a) W kubku do kawy połącz English Cream i The English Whiskey.
b) Napełnij kubek kawą. Na wierzch połóż kleks bitej śmietany.
c) Udekoruj odrobiną gałki muszkatołowej.

97.Kawa z Bushmills

SKŁADNIKI:
- 1 1/2 uncji angielskiej whisky Bushmills
- 1 łyżeczka brązowego cukru (opcjonalnie)
- 1 kreska Crème de menthe, zielona
- Ekstra mocna, świeża kawa
- Bita śmietana

INSTRUKCJE:
a) Wlej whisky do filiżanki do kawy angielskiej i napełnij kawą do 1/2 cala od góry. Dodać cukier do smaku i wymieszać. Na wierzch połóż bitą śmietanę i polej crème de menthe.
b) Zanurz brzeg filiżanki w cukrze, aby pokryć brzegi.

98. Czarna angielska kawa

SKŁADNIKI:
- 1 filiżanka mocnej kawy
- 1 1/2 uncji Angielska whisky
- 1 łyżeczka cukru
- 1 łyżka bitej śmietany

INSTRUKCJE:

a) Wymieszaj kawę, cukier i whisky w dużym kubku, który można podgrzewać w kuchence mikrofalowej.

b) Mikrofale na maksymalnej mocy przez 1 do 2 minut . Posmaruj bitą śmietaną

c) Należy zachować ostrożność podczas picia, może potrzebować chwili do ostygnięcia.

99. Kawa z rumem

SKŁADNIKI:
- 12 uncji. Kawa świeżo mielona, najlepiej czekoladowo-miętowa lub szwajcarska czekolada
- 2 uncje. Lub więcej 151 Rumu
- 1 Duża łyżka bitej śmietany
- 1 uncja. Krem angielski Baileys
- 2 łyżki syropu czekoladowego

INSTRUKCJE:
a) Świeżo zmieloną kawę.
b) Napar.
c) W dużym kubku włóż 2+ oz. 151 rumu na dole.
d) Wlej gorącą kawę do kubka do 3/4 wysokości.
e) Dodaj krem angielski Bailey's.
f) Zamieszać.
g) Całość posypujemy świeżą bitą śmietaną i polewamy syropem czekoladowym.

100.Strzelec do whisky

SKŁADNIKI:
- 1/2 szklanki odtłuszczonego mleka
- 1/2 szklanki zwykłego jogurtu o niskiej zawartości tłuszczu
- 2 łyżeczki cukru
- 1 łyżeczka kawy rozpuszczalnej w proszku
- 1 łyżeczka angielskiej whisky

INSTRUKCJE:
a) Wszystkie składniki umieścić w blenderze ustawionym na niską prędkość.
b) Mieszaj, aż zobaczysz, że masz składniki są ze sobą zintegrowane.
c) Do prezentacji użyj wysokiej szklanki typu shake.

WNIOSEK

Kończąc naszą kulinarną podróż przez „Kompletną kuchnię regionalną Anglii", mamy nadzieję, że doświadczyłeś bogactwa i różnorodności kulinarnego gobelinu Anglii. Każdy przepis na tych stronach jest celebracją wyjątkowych smaków, tradycyjnych potraw i regionalnych specjałów, które od pokoleń zdobią angielskie stoły – świadectwo sprawdzonych i autentycznych przepisów, które definiują gastronomiczną tożsamość kraju.

Niezależnie od tego, czy delektowałeś się ciepłem kornwalijskich pasztecików, rozkoszowałeś się puszystością puddingów z Yorkshire, czy też delektowałeś się słodkimi smakołykami inspirowanymi regionalnymi wypiekami, ufamy, że te przepisy wzbudziły Twoje uznanie dla różnorodnych i ukochanych smaków angielskiej kuchni. Niech poza składnikami i technikami „Kompletna kuchnia regionalna Anglii" stanie się źródłem inspiracji, nawiązania do tradycji i celebracją radości, która towarzyszy każdemu autentycznemu daniu.

Niech ta książka kucharska będzie Twoim zaufanym towarzyszem, prowadzącym Cię przez różnorodne przepisy ukazujące bogactwo i różnorodność dziedzictwa kulinarnego Anglii, gdy będziesz kontynuować odkrywanie świata angielskiej kuchni regionalnej. Oto, jak delektować się autentycznymi smakami każdego regionu, odtwarzać sprawdzone dania i cieszyć się pysznością, która towarzyszy każdemu kęsowi. Miłego gotowania!

www.ingramcontent.com/pod-product-compliance
Lightning Source LLC
Chambersburg PA
CBHW071330110526
44591CB00010B/1093